Asmus Finzen

Suizidprophylaxe
bei psychischen Störungen

Asmus Finzen

Suizidprophylaxe
bei psychischen Störungen

Leitlinien
für den therapeutischen Alltag

Mit einem Beitrag von
M. Wolfersdorf

Psychiatrie-Verlag

CIP-Titelaufnahme der Deutschen Bibliothek
Finzen, Asmus:
Suizidprophylaxe bei psychischen Störungen: Leitlinien für
den therapeutischen Alltag / Asmus Finzen. Mit einem Beitrag
von Manfred Wolfersdorf. – Bonn: Psychiatrie-Verlag, 1989
(Treffbuch; 17)

ISBN 3-88414-110-4

NE : GT

© Psychiatrie-Verlag, 2. Auflage, Bonn 1990
Alle Rechte vorbehalten.
Umschlaggestaltung: markus lau, Berlin
Satz und Druck: Clausen & Bosse, Leck

Inhaltsverzeichnis

5

11. Kapitel: Zwischen Freiheitsberaubung und
    unterlassener Hilfeleistung: Grenzen
    der Entscheidungsfreiheit – Grenzen
    der Verantwortung

12. Kapitel: Checkliste zur Suizidprophylaxe
    Checkliste der Suizidprophylaxe
    während der Behandlung

Vorwort zur zweiten Auflage

Die Selbsttötung psychisch Kranker während der Behandlung in Klinik und Praxis ist eine Herausforderung an die Psychiatrie. Bei jedem dritten der 13 000 Menschen, die sich jährlich in der Bundesrepublik das Leben nehmen, ist eine psychische Krankheit bekannt. Jeder zehnte Suizid ereignet sich im Umfeld des psychiatrischen Krankenhauses oder während der ambulanten Behandlung.

In meinem Buch »Der Patientensuizid« (2. Aufl. 1990) habe ich versucht, die Grenzen unseres Wissens über die Ursachen des Suizids psychisch Kranker während der Behandlung auszuloten. Dabei mußten viele Fragen offen bleiben. Ich bin aber überzeugt, daß wir genügend wissen, um uns der möglichen Suizidgefährdung unserer Kranken aktiv zu stellen, auch dort, wo sie nicht offensichtlich ist. Dazu soll dieses Buch einen Beitrag leisten.

Manche meiner Empfehlungen mögen banal erscheinen: Sorgfältige Diagnostik; auf die Persönlichkeit des Kranken, seine Krankheitssymptome, auf seine Belastbarkeit abgestimmte Therapie; emotionale Offenheit und Empathie gegenüber dem Kranken, Angebote zur Unterstützung in der akuten suizidalen Krise; die Kontrolle der eigenen Gefühle bei der Behandlung von Kranken, die ihre Situation als hoffnungslos erleben und das auch aussprechen. Aber dies sind die Faktoren im Umgang mit dem suizidgefährdeten psychisch Kranken, die am ehesten beeinflußbar sind, und zu

13

einer Verminderung des Suizidrisikos während der Behandlung beitragen können.

Suizidgefährdung ist keine Krankheit. Auch bei psychisch Kranken ist sie nicht allein Krankheitssymptom. Wir Therapeuten haben oft einen geringeren Anteil in seinen sozialen Bezügen, als wir selber glauben. Bei der ambulanten Behandlung wird das deutlicher sichtbar als in der Klinik. Angehörige, Freunde, Mitpatienten nehmen, wie wir, Einfluß auf den Krankheitsverlauf, auf die Art und Weise, wie der Kranke seine Situation erlebt, ob seine Hoffnung auf eine bessere Zukunft zunimmt oder schwindet. Deshalb sollten wir uns auch nichts vormachen, was auf dem Gebiet der Suizidprophylaxe alles machbar sei. Gefährlich aber wäre es, wenn wir angesichts der möglichen Suizidgefährdung bei vielen unserer Patienten das Gefühl der eigenen Ohnmacht aufkommen ließen. Die Überzeugung des Therapeuten, einem gefährdeten Kranken nicht helfen zu können, ist ein Risikofaktor ersten Ranges.

Ich habe dieses Buch in seiner ersten Auflage Herrn Prof. Dr. med. Walter Pöldinger, Basel, anläßlich seines 60. Geburtstages gewidmet. Die 2. Auflage, die weniger als ein Jahr nach der ersten Veröffentlichung notwendig geworden ist, habe ich durchgesehen und korrigiert. Der Inhalt ist unverändert.

Basel, im Sommer 1990   Asmus Finzen

1 Einführung: Kann psychiatrische Behandlung den Patienten-Suizid verhindern?

»Die jetzige Gesellschaftsordnung verlangt vom Psychiater eine große und ganz unangebrachte Grausamkeit. Man zwingt Leute, denen aus guten Gründen das Leben verleidet ist, weiterzuleben; das ist schon schlimm genug. Aber ganz schlimm ist es, wenn man diesen Kranken mit allen Mitteln das Leben noch unerträglicher macht, indem man sie einer peinlichen Bewachung unterwirft.«

»...Ich bin überzeugt, daß bei der Schizophrenie gerade durch die Bewachung der Selbstmordtrieb geweckt, gesteigert und unterhalten wird. Nur ausnahmsweise würde sich einer unserer Kranken das Leben nehmen, wenn wir ihn gewähren ließen. Und wenn es auch ein paar mehr sein sollten, die zugrunde gehen – ist es recht, wegen dieses Resultates Hunderte von Kranken zu quälen und ihre Krankheit zu verschlimmern? Vorläufig stehen wir Psychiater unter der traurigen Pflicht, unser möglichstes zu tun, daß diese Anschauungen sich bald ändern.«

Diese Worte Eugen Bleulers, geschrieben im Jahre 1911, umreißen ein Dilemma, in dem sich psychiatrische Therapeuten befinden. Sie sind nach 70 Jahren unverändert aktuell. Menschen kommen zu uns, weil sie nicht mehr leben wollen. Das heißt, noch häufiger werden sie geschickt.

Suizidalität ist Symptom zahlreicher psychischer Störungen. Sie begleitet den therapeutischen Prozeß. Sie ist Nebenwirkung therapeutischer Verfahren – der aufdeckenden Psychotherapie ebenso wie des Einsatzes von neuroleptischen oder antidepressiven Medikamenten. Sie ist nicht überwiegend Zeichen der Verschlimmerung des Grundleidens. Oft ist sie – wie bei der Depression und bei den Psychosen aus dem schizophrenen Formenkreis – Begleiterscheinung einer kritischen Phase der Wiederherstellung.

Suizidvermeidung und Menschenwürde im psychiatrischen Krankenhaus

Wir müssen und wir wollen den Suizid unserer Patienten verhindern. Aber wir können manchen unserer suizidalen Patienten verstehen. Unser Respekt vor seinem Leiden erschüttert manchmal unsere Entschlossenheit bei der Suizidverhinderung.

Ein Beispiel mag illustrieren, welche widersinnigen Folgen es haben kann, wenn unsere Bemühungen um Selbstmordverhütung die Würde des Kranken nicht achten.

Als ich vor einigen Jahren die Leitung einer Klinik übernahm, fiel mir bei der Visite ein 50-jähriger Mann auf, der sich bereits seit zwei Jahren im Krankenhaus befand. Er hatte das Kabel eines Elektrorasierers um die Hüfte gebunden, um die Hose zu halten. »Der Patient ist seit zwei Jahren suizidal«, meinte der Stationsoberpfleger auf Befragen. »Deswegen haben wir ihm den Gürtel weggenommen.«

Dies ist gewiß nicht die richtige Art, mit der Suizidalität während der psychiatrischen Behandlung umzugehen. Dieses Beispiel zeigt die ganze Absurdität der Suizidvermeidung im psychiatrischen Krankenhaus allein durch restriktive Maßnahmen. Die Menschenwürde bleibt auf der Strecke – durch den Entzug von Gürtel und Hosenträgern ebenso wie durch den mehrjährigen Freiheitsentzug wegen Selbsttötungsgefährdung. Das ganze Ausmaß der Absurdität wird schlaglichtartig erhellt dadurch, daß der Patient sich zu helfen weiß und daß Pfleger und Arzt geflissentlich übersehen, daß er die relativ harmlose Selbstmordwaffe Gürtel seit Monaten durch das gefährliche Kabel ersetzt hat. Die ursprünglich als Suizidprophylaxe gedachte Maßnahme verkehrt sich in ihr

Gegenteil. So wird sichtbar, daß sie nur an der Oberfläche die Verhinderung der Selbsttötung des Kranken zum Ziel hat. In Wirklichkeit geht es darum, der Anstaltsordnung genüge zu tun.

Die geschlossene Station schützt den suizidgefährdeten Kranken nun schon seit zwei Jahren vor sich selber. Gürtel, Schlips und Schnürbänder, Nagelfeile, Streichhölzer und Pfeifenreiniger, diverse andere gefährliche Gegenstände mehr, sind von den Therapeuten sicher verwahrt. Nun kann man ohne Angst darauf warten, daß die Suizidalität abklingt. Kann man das wirklich? Man kann natürlich nicht. Es gibt vielfältige Möglichkeiten, sich das Leben zu nehmen – auch auf einer »selbstmordsicheren« psychiatrischen Station. Man kann sich zum Beispiel mit einem Flügelhemd erdrosseln. Im Wachsaal; unter den Augen von aufmerksamen und zuverlässigen Pflegern. Ich habe das selbst erlebt.

Wenn man den Suizid auf der »selbstmordsicheren« psychiatrischen Station nicht verhindern kann, so schützt man sich auf diese Weise doch vor Vorwürfen, wenn das Unglück geschieht. Ich werde noch darauf zurückkommen. Es ist nämlich gar nicht selten, daß unser Bedürfnis, uns selber zu schützen, zu Scheinlösungen führt, die den suizidgefährdeten Kranken eher schaden als nützen, ohne daß das so ins Auge fällt, wie in unserem Beispiel.

Ich will hier nicht erörtern, ob es nicht unter bestimmten Voraussetzungen und für einen begrenzten Zeitraum sinnvoll und notwendig sein kann, auf solche mechanische Weise den Suizid zu verhindern. Aber Voraussetzungen für eine therapeutische Aufarbeitung der Lebensprobleme des Kranken schafft man durch totale Überwachung nicht. Kranke sind Menschen. Die Einweisung in das psychiatrische Krankenhaus setzt das Grundgesetz nicht außer Kraft. Die Beschneidung der Würde senkt das Suizidrisiko nicht – oder doch nur auf recht fragwürdige Weise. Sie kann das Gefühl des Suizidalen, ein nichtiges Leben zu führen, allenfalls noch bestärken.

Suizid – nur eine Krankheit?

»Jeder suizidale Mensch, ob er nun krank ist oder gesund, verdient Achtung statt Ächtung, Anteilnahme statt Ablehnung, Verständnis statt intoleranter Verurteilung, Mitgefühl statt Bestrafung und Entmündigung, Hilfe statt Gleichgültigkeit. Tot sein und nicht mehr weiterleben wollen, sollten als möglicher und einsehbarer Impuls der menschlichen Psyche akzeptiert und nicht länger tabuisiert und diskriminiert werden.«

Scobel (1981) unterscheidet drei Beweggründe, die einen Menschen veranlassen können, sich das Leben zu nehmen: psychosoziale, körperliche Krankheit und Bilanzgründe. Suizid und Suizidversuch können Ausdruck und Folge psychischer Krankheit sein. Sicher sind sie es oft. Langzeituntersuchungen berichten bei Depressiven über 10 Prozent und mehr Todesfälle durch Suizid. Bei Schizophrenen scheinen die Zahlen etwas niedriger zu liegen. Aber sie sind immer noch beträchtlich. In einer eigenen Untersuchung war bei 30 Prozent der 251 Bewohner eines Landkreises, die sich innerhalb eines Zehnjahreszeitraums das Leben genommen hatten, eine psychiatrische Vorerkrankung nachzuweisen (Pieper 1977, Finzen u. a. 1983).

In der Praxis muß man davon ausgehen, daß es psychiatrische Behandlung ohne Auseinandersetzung mit dem Problem der Suizidalität nicht gibt. Jeder Depressive, jeder Schizophrene, jeder Suchtstoffabhängige ist irgendwann suizidal, zumindest latent suizidal.

Wir müssen uns aber Rechenschaft darüber ablegen, daß Suizidgedanken auch unter Gesunden – wenn man so will unter sogenannten Gesunden – nicht selten sind. Eine amerikanische Untersuchergruppe unter Leitung von Paykel (1973) hat das anhand einer Repräsentativuntersuchung in New Haven erhärtet: 11 % der Befragten gaben an, irgendwann einmal geglaubt zu haben, es lohne sich nicht, weiterzuleben; 8,2 % hatten den Wunsch gehabt, sie wären tot; 4,8 % hatten öfter an Suizid gedacht; 2,6 % hatten ernstlich daran gedacht;

1,1 % gaben zu, einen Suizidversuch unternommen zu haben. Bei Präzisierung der Frage auf die letzten sechs Monate gaben 1,5 % an, ernstlich an Suizid gedacht zu haben; 0,6 % hatten einen Suizidversuch unternommen.

Diese Zahlen sind nur scheinbar hoch. Der Suizid ist bei Menschen jüngeren und mittleren Lebensalters neben dem Unfall die häufigste Todesursache. Die Wahrscheinlichkeit, am Suizid zu sterben, liegt beispielsweise in der Schweiz für Männer bei 1,5 %, für Frauen bei 0,6 %.

Es ist bekannt, daß die Suizidhäufigkeit in verschiedenen Kulturen schwankt. Weniger bekannt ist es, daß bestimmte soziale Gruppen innerhalb der gleichen Kultur besonders suizidanfällig sind. In den Vereinigten Staaten, möglicherweise aber auch in Westeuropa, sind die Ärzte, besonders aber die Psychiater, eine solche Gruppe. Ihr Suizidrisiko wird als dreimal so hoch, das der Psychiater sogar als siebenmal so hoch angegeben wie das der Durchschnittsbevölkerung. Daraus muß nicht zwingend folgen, daß diese Gruppe öfter psychisch krank sind; vielleicht sind sie nur empfindsamer.

In welchem Maße Suizid ein soziales Phänomen ist, unterstreicht die Tatsache, daß Suizidhandlungen einen Imitationseffekt haben. Eine Studie von PHILIPPS (1974 und 1981) in New York berichtet, daß die Zahl der vollendeten Suizide sich erhöht, wenn eine Zeitung über einen dramatischen Suizid berichtet: geringfügig, wenn der Bericht auf der dritten Seite erscheint; deutlich, wenn er auf die erste Seite einer auflagestarken Zeitung vordringt; beträchtlich, wenn die Schlagzeilen auf der ersten Seite mehrere Tage lang anhalten. So hat der Suizid Marylin MONROE's 1962 im darauffolgenden Monat zu einer Vermehrung der Suizide in New York um rund 200 Fälle gegenüber dem Durchschnitt geführt. Dieser Imitationseffekt, den man nach einer Suizidepidemie, die durch Veröffentlichung von Goethes Werther ausgelöst sein soll, auch Werther-Effekt nennt, ist seit langem bekannt. Er wurde erst kürzlich durch eine Studie von SCHMIDTKE und HÄFNER (1986) noch einmal nachgewiesen. Solche sozialen

Faktoren unterstreichen, daß es sich bei der Suizidalität um ein außerordentlich komplexes Phänomen handelt, dessen Reduktion auf ein bloßes Symptom psychischer Krankheit sich verbietet.

Die Möglichkeit des Suizids als Bilanz einer unerträglichen Lebenssituation ist lange Zeit gerade von Psychiatern heftig bestritten worden. Er ist durch AMERYS Plädoyer für den Freitod (1976), aber auch durch die Aktivitäten von Vereinigungen in die Diskussion geraten, die sich Gesellschaften für humanes Sterben nennen. Ich bin davon überzeugt, daß es einen solchen Bilanzsuizid gibt. Ich räume allerdings ein, daß das möglicherweise eine Glaubensfrage ist. Ich will nicht geltend machen, der Bilanzsuizid sei ein Ausdruck von Freiheit. Er ist vielmehr die bittere Konsequenz einer von außen aufgezwungenen, unerträglichen Wirklichkeit. JASPERS (1932, S. 308 ff.) schreibt dazu:

»In gänzlicher Verlassenheit, im Bewußtsein des Nichts, ist dem Einsamen der freiwillige Untergang wie eine Heimkehr zu sich selbst. Gepeinigt in der Welt, ohnmächtig, den Kampf mit sich und der Welt fortzuführen, in Krankheit oder Alter dem Versinken in Kümmerlichkeit ausgesetzt, von dem Herabgleiten unter das Niveau des eigenen Wesens bedroht, wird es ein tröstender Gedanke, sich das Leben nehmen zu können, weil der Tod wie eine Rettung erscheint.«

Ich habe vor einigen Jahren anläßlich einer Untersuchung über den Suizid in der Tagesklinik die Frage aufgeworfen, ob wir unserer Aufgabe gerecht werden, wenn wir den Suizid von Patienten nur als Ausdruck von Krankheit sehen. Unterschätzen wir da nicht das reale Leid, das die Schwere psychischer Krankheit über den Betroffenen bringt: durch unsere Behandlung zwingen wir den Patienten aus seiner Wahnwelt heraus, ohne ihn ganz heilen zu können.

Wir konfrontieren ihn mit einer Realität, von der wir nicht wissen, ob er ihr gewachsen ist. Im Extremfall machen wir ihn durch unsere Behandlung stark genug, Bilanz zu ziehen und zu folgern, daß er in dieser Welt keine Chance hat, daß er in ihr nicht leben will. Es ist auffällig, daß fast alle Patienten, an die ich in diesem Zusammenhang denke, ihren Suizid zu einem Zeitpunkt verwirklichten, an dem wir eine länger-fristige Besserung bei ihnen festgestellt hatten. So bleibt die nagende Frage, ob wir nicht im Zusammenhang mit der Behandlung Kranker, die an chronischen psychischen Stö-rungen leiden, das Problem des Bilanzselbstmordes wieder aufgreifen und diskutieren müssen.

Der Patientensuizid als Versagen der Therapeuten

Der Tod als Ausgang der Behandlung ist in den meisten medi-zinischen Disziplinen etwas Häufiges, etwas Normales. Er wird als natürlich, als unausweichlich hingenommen. In der Psychiatrie ist das anders: Dort ist das Scheitern der Therapie durch den Tod des Patienten die Ausnahme. Um so dramati-scher ist die Wirkung des Suizids auf die Therapeuten. Er ist der unwiderrufliche Abbruch einer Beziehung, die oft über Monate, manchmal über Jahre bestanden hat. Deutlicher kann ihm sein Versagen nicht vor Augen geführt werden. Je-der Therapeut, der von dem Suizid eines Patienten erfahren hat, kennt das Ausmaß an Verunsicherung im Gefolge eines solchen Geschehens.

Man hat den Suizid trotz intakter – oder doch scheinbar intakter – therapeutischer Beziehung nicht vorhergesehen. Oder man hat ihn vorhergesehen; aber man hat ihn trotz red-lichen Bemühens nicht verhindern können. Vielleicht hätte man aber doch noch mehr tun können. Man hat versagt.

Ein Gefühl der Schuld tritt hinzu, auch wenn man bei sorgfältiger und ehrlicher Analyse der Behandlung keine Feh-ler entdecken kann. Gerade wenn das so ist, kann die Ver-unsicherung besonders tiefgreifend sein. Wir werden uns be-wußt, daß wir es mit einem Geschehen zu tun haben, das sich unserem zuverlässigen Zugriff entzieht. Aber fast immer blei-ben Zweifel: Habe ich an dieser Stelle das richtige Wort ge-

21

funden? Hätte ich in jenem Augenblick nicht in anderer Weise intervenieren müssen?

Ein Patientensuizid ist mehr als das, was in der Chirurgie oder in der Anästhesie gemeinhin als »Zwischenfall« bezeichnet wird. Er stellt uns nicht nur in unseren therapeutischen, sondern auch in unseren menschlichen Qualitäten in Frage.

Es gibt Hinweise, so SCOBEL (1981) unter Berufung auf SZASZ (1979), daß der Umgang mit suizidalen Menschen die Therapeuten in besonderer Weise mit der Frage konfrontiert, wie stabil ihr eigenes seelisches Gleichgewicht und wie stark ihre eigene Lebensbejahung ist.

Suizidalität ist auch ein Agierfeld zwischen dem Therapeuten, dem Patienten, seinen Angehörigen und seinen Freunden. Der Suizidversuch als »Schrei nach Hilfe« ist allgemein geläufig. Suizidales Handeln kann auch als Druckmittel, als Bedrohung, als Strafe, ja als Rache eingesetzt werden. Jeder Therapeut kennt Argumente wie diese: »Wenn Sie mich auf eine geschlossene Station einweisen, wenn Sie mich nicht beurlauben – oder auch anders herum: wenn Sie mich jetzt schon entlassen, ...bringe ich mich um.« Angstfreies Handeln ist nicht mehr möglich, wenn diese Drohung im Raum steht. Darf man, muß man einer solchen Drohung nachgeben? Muß man sich unter dem Eindruck einer solchen Drohung auch auf etwas einlassen, was man für falsch hält? Was ist, wenn der Patient sich suizidiert, nachdem man die Entscheidung, die man für richtig hält, gegen ihn durchgesetzt hat? Was ist, wenn er sich suizidiert, nachdem man ihm gegen die eigene Überzeugung nachgegeben hat – im Zweifel, ob er nicht möglicherweise doch recht hatte?

Dazu ein Beispiel

Ein 22jähriger junger Mann teilt seiner behandelnden Ärztin nach 14tägigen Tagesklinikbesuchen mit, er wolle entlassen und ambulant weiterbehandelt werden. Die Ärztin ist damit nicht einverstanden. Sie rät ihm vielmehr, sich stationär aufnehmen zu lassen. Sie bittet ihn und seine Mutter zu einem gemeinsamen Gespräch. Dort wehrt er sich heftig gegen alle

Beeinflussungsversuche von seiten der Ärztin, kündigt an: »Wenn Sie mich ins Krankenhaus einweisen, bringe ich mich um!« Auch die Mutter ist gegen eine Einweisung. Auf die Gefahr eines Suizids während der ambulanten Behandlung angesprochen, wehrt der junge Mann ab. Er findet auch dabei Unterstützung bei seiner Mutter. Die Therapeuten entschließen sich schweren Herzens, dem Drängen der Familie nachzugeben. Ihre Zweifel schlagen sich darin nieder, daß sie das Einverständnis des jungen Mannes herbeiführen, am Tag nach der Entlassung mit der Ärztin des Sozialpsychiatrischen Dienstes zu sprechen. Diese erkennt keinen Grund für eine Zwangseinweisung, insbesondere keine Suizidalität. Zwei Tage danach suizidiert sich der junge Mann mit einem Pflanzenschutzmittel.

Suizid als Schuldvorwurf

Die Unterbringungsgesetze der deutschen Bundesländer kennen zwei zwingende Gründe für die Einweisung eines Menschen gegen seinen Willen in ein psychiatrisches Krankenhaus: er muß für andere gefährlich sein oder für sich selber. Die Selbstgefährdung – Selbstmordgefährdung – als Einweisungsgrund hat einen fatalen Umkehrschluß zur Folge: Suizidiert sich dennoch ein Patient im psychiatrischen Krankenhaus, müssen die Therapeuten sich gegen den Vorwurf der Fahrlässigkeit verteidigen. Aufsichtsbehörden und vorgesetzte Dienststellen von Krankenhäusern verlangen einen Bericht über das »besondere Vorkommnis«. Im Krankenhaus kommt es zu Getuschel, wenn nicht offen Rechenschaft abgelegt wird. Die Öffentlichkeit zeigt mit dem Finger auf die Institution, wenn der Selbstmord außerhalb des Krankenhauses stattgefunden hat – womöglich ein Wiederholungsfall. Die Kriminalpolizei kommt ins Haus. Die Staatsanwaltschaft leitet, wie bei jedem unnatürlichen Todesfall, ein Ermittlungsverfahren ein. Gelegentlich erhebt sie Anklage. In einzelnen Fällen sind Verurteilungen bekanntgeworden.

Ein Patientensuizid ist ein so einschneidendes Ereignis, daß es für die betroffenen Therapeuten entlastend wirkt, wenn die Umstände des Geschehens geklärt werden. Das ist die eine Seite. Auf der anderen Seite steht die Angst vor disziplinarischen und strafrechtlichen Folgen. Diese wächst, wenn das Vertrauen fehlt, daß der Nächsthöhere in der Hierarchie der Angst imstande ist, das Gesamtgeschehen zu würdigen. Die Therapeuten der Station haben Angst, daß der Direktor ihnen mangelnde Sorgfalt und mangelnde Wachsamkeit vorwirft. Der Direktor hat Angst, daß der Krankenhausträger ihm vorwirft, die Suizide im Krankenhaus seien Folge einer »zu liberalen« Psychiatrie, deren Auswirkungen ohnehin mit Mißbehagen betrachtet werden. Die zuständigen Dezernenten des Krankenhausträgers fürchten eine Rüge des Sozialministers – und dieser wiederum eine unfreundliche Presse oder die Anfrage eines Landtagsabgeordneten: »Trifft es zu, daß sich in den psychiatrischen Landeskrankenhäusern im vergangenen Jahr 13 Patienten das Leben genommen haben; und was gedenkt der Herr Sozialminister dagegen zu unternehmen?«

Nun ist die Furcht vor der Rüge ebensowenig ein Orientierungsmaßstab für das therapeutische Handeln in einem psychiatrischen Krankenhaus, wie ein staatsanwaltschaftliches Ermittlungsverfahren. Entscheidend ist allein die Frage, ob und unter welchen Bedingungen Suizide von Patienten in psychiatrischen Krankenhäusern vermeidbar sind; oder, wenn das nicht der Fall ist, unter welchen Bedingungen die Suizidrate möglichst niedrig gehalten werden kann.

Suizide im psychiatrischen Krankenhaus sind nicht immer vermeidbar

Suizide von Patienten in psychiatrischen Krankenhäusern sind in der Tat unvermeidbar. Dokumente aus 150 Jahren Psychiatriegeschichte belegen, daß sie zu keiner Zeit und in keinem Land unvermeidbar waren, weder unter dem Vorzeichen des moral treatment, der Verwahrpsychiatrie, noch die Psychiatrie der offenen Türen (vgl. MODESTIN 1982, 1987). Unterschiedlich ist nur die Häufigkeit. Sie schwankt zwischen 32 und 380 auf 100 000 Patienten. Und es scheint notwendig, gleich hinzuzusetzen, daß große Zweifel an der Richtigkeit solcher Zahlen angebracht sind (FINZEN 1983).

Man kann sich natürlich alle möglichen mechanischen Maßnahmen zur Suizidverhinderung ausdenken: die medikamentöse Dämpfung bis zur Handlungsunfähigkeit, die Fesselung, die lückenlose Sicht- und Fernsehüberwachung im Wachsaal, im Bad und auf der Toilette, die Isolierung in einer »suizidsicheren« Zelle.

Alle diese Methoden werden angewendet. Abgesehen davon, daß sie zur reinen Barbarei entarten können, sind sie in ihrer Wirksamkeit begrenzt: irgendwann müssen sie wieder gelockert werden. Irgendwann hört die Kontrolle auf, lückenlos zu sein. Es kann keine lebenslange Internierung wegen Suizidalität geben. Irgendwann muß der anscheinend genesende Suizidale Gelegenheit haben, seinen wiederkehrenden Lebenswillen zu erproben – spätestens im Augenblick der Entlassung. Und dann geht es vor allem um die Tragfähigkeit der therapeutischen Beziehung mit der Möglichkeit des Scheiterns.

Es gibt viele Argumente gegen die mechanischen Methoden der Suizidverhütung. Ich habe am Anfang dieser Arbeit Eugen BLEULER dazu angeführt. Die entscheidenden Einwände scheinen mir aber in folgender, wenig bekannter Tatsache zu liegen. Die Suizidgefährdung des Patienten ist nicht während seines Krankenhausaufenthaltes am größten, sondern nach der Krankenhausentlassung. Wir haben am Beispiel einer Universitätsklinik zeigen können, daß sie innerhalb der ersten drei Monate nach der Entlassung dreimal so hoch liegt wie während des gesamten Krankenhausaufenthaltes (MÜLLER 1978, FINZEN u. a. 1983); und diese Zahlen werden durch mehrere andere Untersucher gestützt (JAMES 1964, TEMOCHE 1964 und RORSMAN 1973). Wenn das so ist, kann das doch nur bedeuten, daß die Therapeuten sich der Suizidalität ihrer Patienten während des psychiatrischen Krankenhausaufenthaltes stellen müssen, daß sie versuchen müssen, sie therapeutisch aufzuarbeiten, um sie zu kräftigen und auf jene Belastungen vorzubereiten, die sie nach der Entlassung unter den Bedingungen einer verdünnten therapeutischen Betreuung erwarten.

Die Therapeuten müssen sich der Suizidalität ihrer Patienten stellen

Der psychisch Kranke wird innerhalb der Klinik von vielen Problemen entlastet, mit denen er sich in seinem normalen Leben auseinandersetzen muß. Die Regression, die mit jeder Krankenhauseinweisung verbunden ist, entaktualisiert manche Konflikte. Er darf sich zunächst einmal fallenlassen. Er wird umsorgt und betreut. Ihm wird vieles abgenommen, um das er sich sonst selber kümmern muß.

Solche Entlastung kann zu einer Erholung beitragen. Sie bietet die Grundlage für die Entwicklung einer psychotherapeutischen Beziehung. In deren Verlauf wird er angehalten, sich allmählich wieder mit den Problemen seiner eigenen Lebenswirklichkeit auseinanderzusetzen. Dazu gehört auch die Auseinandersetzung mit der Suizidalität. Wir können getrost davon ausgehen, daß sie bei jedem depressiven und bei fast jedem schizophrenen Kranken ein Thema ist. Das gilt vor allem bei Patienten mit chronisch rezidivierenden psychotischen Krankheitsverlauf. Bei ihnen ist die Suizidgefährdung nicht nur mögliches Krankheitssymptom. Sie muß auch als Reaktion auf die realen Folgen der Krankheit für ihr weiteres Leben in Betracht gezogen werden.

Was ist also zu tun? HENSELER (1981) weist mit Recht darauf hin, daß die Literatur zur Suizidproblematik auffallend arm an therapeutischen Konzepten ist, die über sehr allgemein gehaltene Empfehlungen hinausgehen. Wenn überhaupt, werden Konzepte zur therapeutischen Intervention in akuten Krisen vorgelegt. Einfach formuliert: man bespricht das Problem; man sucht nach den Ursachen; man versucht, gemeinsam mit dem Patienten Lösungen zu finden.

In jedem Fall ist es sinnvoll, die Grundkrankheit zu behandeln, etwa die manisch-depressive Krankheit oder die Psychose aus dem schizophrenen Formenkreis. Eine medikamentöse Symptombekämpfung, etwa bei unbezwingbarer Angst, kann auch bei anderen Störungen sinnvoll sein. Aber bei längerfristig anhaltender Suizidalität muß es in erster Linie um die Entwicklung eines tragfähigen Arbeitsbündnisses gehen, in dessen Rahmen wir mit dem Patienten über seine selbstzerstörerischen Tendenzen sprechen müssen. Wir müssen uns mit ihm auseinandersetzen, inwieweit er unserer Hilfe zum Schutz vor ihnen bedarf und inwieweit er für sich selber Verantwortung übernehmen kann. Wir müssen für ihn annehmbare Hilfsangebote machen und Übereinkünfte über sein Verhalten in plötzlich auftretenden suizidalen Krisen mit ihm treffen. Wir müssen in unserem therapeutischen und rehabilitativen Bemühen selbstkritisch prüfen, welchen Belastungen er gewachsen ist und welche ihn überfordern. Wir müssen aber vor allem mit ihm gemeinsam einen Plan für die Zeit nach der Krankenhausentlassung entwickeln.

Solche Forderungen sind einfach formuliert. Ihre Probleme liegen im Detail. Sie sind auch eine Forderung nach der zuverlässigen Verfügbarkeit des Therapeuten über einen langen Zeitraum hinweg. Sie enthalten den Anspruch an den Therapeuten, das Arbeitsbündnis auch über krisenhafte Phasen suizidalen Agierens hinweg aufrechtzuerhalten; und sie umschließen die Möglichkeit des Scheiterns, auch – weil Suizidalität nicht nur Symptom psychischer Krankheit ist, sondern eine Möglichkeit menschlichen Handelns.

Was können wir tun?

Ich habe versucht, in diesem Einführungskapitel einige Aspekte von psychiatrischer Behandlung und Suizid darzustellen. Ich bin mir bewußt, daß zunächst ein Stück Ratlosigkeit bleibt – und die Angst vor dem nächsten Suizid, für den wir verantwortlich sein werden. Ohne Zweifel besteht auch ein erhebliches Forschungsdefizit – auf der epidemiologischen wie auf der Beziehungsebene. Ich hoffe, daß es mir gelungen ist zu zeigen, daß wir uns dem Problem des Patientensuizids aktiv stellen müssen, daß wir uns weder durch totale Überwachung allein, noch durch Verlagerung des Problems in die Nachbehandlungsphase daran vorbeimogeln können.

Klaus DÖRNER und Ursula PLOG (1978) sprechen in ihrem Lehrbuch der Psychiatrie von einer »verzweifelten Einsicht: es ist nicht alles machbar.« Die psychiatrische Arbeit kann und darf nicht um jeden Preis helfen. Immerhin hat ein so über jeden Zweifel erhabener und engagierter Mensch und Psychiater wie Adolf MEYER dazu gesagt: »Ein psychiatrisches Krankenhaus, in dem kein Suizid vorkommt, kann kein gutes Krankenhaus sein.« Dabei dürfen wir jedoch nicht stehenbleiben. Diese Feststellung ist nicht umkehrbar: Eine hohe Suizidrate ist kein Merkmal von Behandlungsqualität.

Suizide von Patienten während der Behandlung sind zwar zum Teil unvermeidbar, zum anderen Teil aber sind sie Ausdruck unseres Versagens als Therapeuten. Sie sind Komplikationen unserer Behandlung – unerwünschte Begleitwirkungen von Psychotherapie, Rehabilitationsbemühungen und Pharmakotherapie. Manchmal sind sie die Folge von Behandlungsfehlern, von Fehldiagnosen, von Fehleinschätzungen der Lebens- und Krankheitssituation des Patienten. Nicht selten ist es eine gestörte Beziehung zwischen Therapeuten und Patienten, die im Suizid endet.

Ich werde in diesen Leitlinien zur Suizidprophylaxe bei psychischen Störungen den Risiken nachgehen, die in der Krankheit, in der psychischen und sozialen Situation des Patienten und in der Therapie begründet sind. Ich werde darlegen, wie man ihnen begegnen kann.

Unser Wissen über den Suizid psychiatrischer Patienten während der Therapie ist zwar begrenzt. Dennoch können wir handeln. Wir haben ziemlich genaue Vorstellungen davon, welche Patienten unter welchen Bedingungen besonders gefährdet sind. Wir haben im therapeutischen Alltag Routinen der Suizidprophylaxe entwickelt. Wir wissen nicht, wie wirksam sie sind. Aber soviel ist sicher: Sorgfältige Diagnostik und überlegte therapeutische Maßnahmen, die den individuellen Bedürfnissen der Kranken Rechnung tragen, vermindern das Suizidrisiko. Das gleiche gilt für ein therapeutisches Milieu, das dem Kranken Zuverlässigkeit und Geborgenheit vermittelt, das für ihn berechenbar ist, das soziotherapeutische Aktivierung sorgsam dosiert. Schließlich wissen wir, daß der therapeutische Umgang mit Suizidgefährdeten tief in die Persönlichkeit der Therapeuten eingreift. Die emotionalen Reaktionen des Therapeuten können sich, so die amerikanischen Autoren MALTSBERGER und BUIE (1974), bis zum »Gegenübertragungshaß« kritisch zuspitzen und auf diese Weise die Behandlung zum Scheitern bringen. Ihre Wahrnehmung und Kontrolle wird somit zu einem wichtigen Instrument der Suizidprophylaxe.

Die Darstellung von Einzelheiten bleibt den nachfolgenden Kapiteln vorbehalten. Im anschließenden zweiten Kapitel werden wir uns zunächst der Frage zuwenden, welche psychisch Kranken besonders gefährdet sind, wie ihre Suizidmotive aussehen und was wir tun können, um die Suizidgefährdung zu erkennen.

29

2 Welche Kranken sind gefährdet?

Wirksame Suizidprophylaxe setzt die rechtzeitige Erkennung der Suizidgefährdung voraus. Dies festzuhalten ist eine Banalität. Aber eben diese Banalität macht das Dilemma der Suizidprophylaxe bei psychischen Störungen aus. Auf Krisen-interventionsstationen, beim Konsiliar- und Liaisondienst in der Inneren Medizin und der Chirurgie, in den vielfältigen Beratungsstellen für Lebensmüde ist die Zielgruppe klar umrissen.

> Im psychiatrischen Alltag hingegen besteht eine unserer Schwierigkeiten darin, Suizidprophylaxe bei Patienten leisten zu müssen, deren Gefährdung uns nicht bekannt ist, die sie möglicherweise aktiv verbergen.

Bei der Untersuchung vollzogener Selbsttötungen psychiatrischer Patienten müssen wir in jedem zweiten Fall zur Kenntnis nehmen, daß ein Suizid für die betreuenden Therapeuten völlig unerwartet gekommen ist. Eine erkennbare aktuelle Gefährdung dieser Patienten hat vor dem Suizid nicht vorgelegen. In Einzelfällen kann man gewiß davon ausgehen, daß es sich dabei um Schutzbehauptungen handelt. In anderen Fällen mag mangelnde Sorgfalt bei der Diagnostik und der Einschätzung der Symptomatik eine Rolle spielen. Aber wir kommen an der Tatsache nicht vorbei, daß wir während der psychiatrischen Behandlung vor die Aufgabe gestellt sind, zum beträchtlichen Teil bei solchen Patienten Suizidprophylaxe zu leisten, deren Gefährdung wir nicht kennen. Die Erkennung der Suizidgefährdung während des gesamten Behandlungsverlaufes ist somit von ebenso großer Bedeutung, wie die Diagnose der Grunderkrankung.

Damit wir das leisten können, müssen wir einige Bedingungen erfüllen: Wir müssen einige allgemeine Überlegungen zur Suizidgefährdung anstellen. Wir müssen uns fragen, warum ihre Motive sich von denen anderer Menschen unterscheiden. Wir müssen nach Wegen suchen, die aktuelle Suizidgefährdung beim einzelnen Patienten durch Beobachten und Fragen zu ergründen. Wir müssen schließlich nach unspezifischen Risikofaktoren suchen, die uns helfen, die besondere Gefährdung solcher Patienten zu identifizieren, die diese entweder nicht mitteilen können, oder die sie vor uns verbergen.

1. Allgemeine Aspekte der Suizidgefährdung

Das präsuizidale Syndrom

Das Nachdenken über den Sinn des Lebens, das Empfinden von Sinnlosigkeit und Selbsttötungsgedanken sind weitverbreitet. Jeder Mensch ist irgendwann so bedrückt, daß er – zumindest so – nicht weiterleben mag. In der Regel handelt es sich dabei um die vorübergehende kritische Zuspitzung schwieriger und belastender Lebenssituationen. Meist findet sich mit oder ohne Hilfe dritter doch ein Weg. Verzweiflung und Hoffnungslosigkeit lösen sich. Das Leben geht weiter.

Damit aus Suizidgedanken suizidales Handeln wird, muß einiges hinzukommen. Ein Ausweg findet sich nicht. Das Gefühl von Sinnlosigkeit, Hoffnungslosigkeit und Verzweiflung staut sich und mischt sich mit anderen Gefühlen. Selbstzerstörerische und aggressive Impulse gehören ebenso dazu wie appellative und Fluchtimpulse. Dabei sind Suizidtendenzen, wie WEDLER (1987) hervorhebt, keineswegs allein auf eine Selbstauslöschung ausgerichtet. Vielmehr können »die Suche nach Hilfe, die Flucht aus einer unerträglichen Situation oder die Abfuhr ambivalent gerichteter Aggressionen im Vordergrund stehen. Jedes der vier genannten Elemente ist in nahezu jeder Suizidhandlung bzw. Suizidtendenz in mehr oder minder starker Ausprägung präsent. Das Überwiegen eines dieser Elemente und die Reaktion des sozialen Umfeldes entscheiden dann schließlich über den Ausgang einer Suizidkrise« (WEDLER, 1987).

HENSELER (1974) hat diesen Widerstreit von Gefühlen und Handlungsimpulsen in seinem Buch »Zur Psychodynamik des Selbstmords« in einem anschaulichen Schema zusammengefaßt.

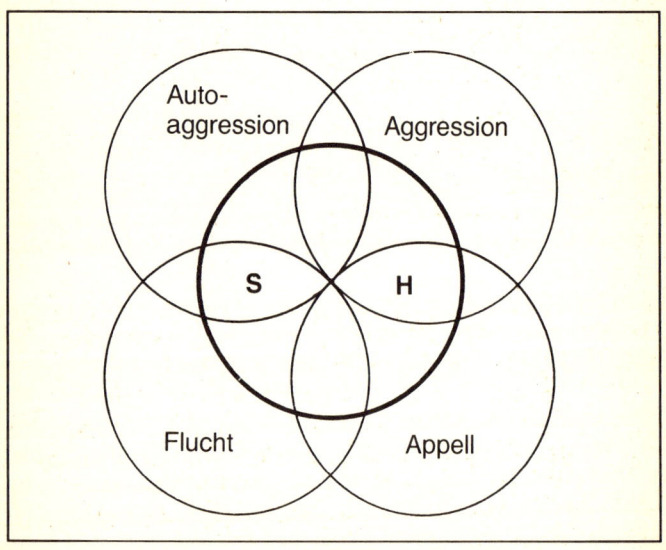

Abb. 1: Motivstruktur der Suizidhandlung (SH)
(aus HENSELER, H. 1974)

Eine Selbsttötung ereignet sich nicht aus dem Augenblick heraus gleichsam aus heiterem Himmel. Es herrscht Einverständnis darüber, daß der Suizidhandlung eine mehr oder weniger lange Phase latenter und akuter Suizidgedanken vorausgehen, bevor der Entschluß gefaßt und in die Tat umgesetzt wird. Diese Zeitspanne vor dem Suizid gibt uns Gelegenheit, die Gefährdung zu erkennen und zu intervenieren. PÖLDINGER unterscheidet in seinem Buch über die Abschätzung der Suizidalität (1968) drei Phasen vor dem Suizid: Die Erwägung, die Ambivalenz und den Entschluß.

Der ersten Phase gehen psychodynamische und psychosoziale Faktoren voraus, die Sinnlosigkeit oder Hoffnungslosigkeit signalisiert. In der Phase der Erwägung können suggestive Momente wie Suizide in der Familie oder in der Umgebung, aber auch Pressemeldungen, Fernsehsendungen, Lektüre oder Gespräche eine Rolle spielen. In der Phase der Ambivalenz kommt es nicht selten zu direkten Suizidankündigungen, die oft die Funktion eines Hilferufes haben. In der Phase der Ambivalenz sucht der Suizidgefährdete oft auch vermehrt nach Kontakten. Ist er damit erfolgreich, kann die Suizidalität aufgehoben werden. Erfährt er Zurückweisung, kann die Ambivalenz in den Entschluß zum Suizid übergehen. Diese letzte Phase ist durch Vorbereitungshandlungen gekennzeichnet, oft durch eine »Ruhe vor dem Sturm«. Suizidankündigungen sind in dieser Phase meist eher verhalten und indirekt. Mit dem Entschluß verlieren sie ihren appellativen Charakter. Bemerkungen und Handlungen, die auf den gefaßten Entschluß hinweisen, werden oft erst nach dem Suizid in ihrer wahren Bedeutung erkannt.

Der Wiener Suizidforscher, Erwin RINGEL (1969), hat die psychische Entwicklung, die zur Suizidgefährdung und zum Suizid führt, als »präsuizidales Syndrom« zusammengefaßt. Dies ist durch folgende Merkmale gekennzeichnet:
● »Einengung
   situative Einengung
   dynamische Einengung

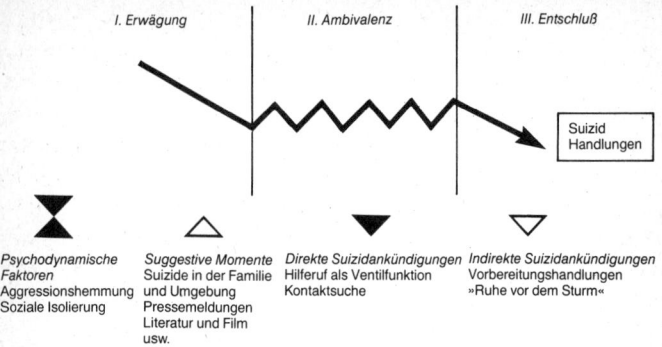

I. Erwägung   II. Ambivalenz   III. Entschluß

Suizid
Handlungen

Psychodynamische
Faktoren
Aggressionshemmung
Soziale Isolierung

Suggestive Momente
Suizide in der Familie
und Umgebung
Pressemeldungen
Literatur und Film
usw.

Direkte Suizidankündigungen
Hilferuf als Ventilfunktion
Kontaktsuche

Indirekte Suizidankündigungen
Vorbereitungshandlungen
»Ruhe vor dem Sturm«

Abb. 2: Entwicklungsstadien vor einer Suizidhandlung
(nach PÖLDINGER, 1968)

    Einengung der zwischenmenschlichen Beziehungen
    Einengung des Werterlebens
- gehemmte und gegen die eigene Person
    gerichtete Aggression
- Selbsttötungs- und Todes-Phantasien«

Alle diese Modelle der psychischen und der psychosozialen
Entwicklung zum Suizid sagen wenig über das inhaltliche
Erleben der Betroffenen und ihre Motive aus. Diese können
außerordentlich vielfältig sein: Der suizidalen Krise liegt fast
immer ein nicht lösbarer Konflikt zugrunde, der als neuroti-
scher Konflikt gelegentlich ausschließlich innerhalb der Persönlichkeit des Suizidgefährdeten zu suchen ist. Oft spielen
aber objektivierbare äußere Faktoren eine begleitende oder
führende Rolle: Probleme in der Familie und Partnerkonflikte, körperliche oder psychische Krankheit, berufliche
Schwierigkeiten, tatsächliche oder drohende soziale Isolierung, wirtschaftliche Not, Sucht oder Suchtmittelmiß-
brauch...
    Entscheidend ist, daß der Betroffene allein oder mit frem-
der Hilfe keinen Ausweg aus seinen Schwierigkeiten findet,

34

bis er seine Situation schließlich als hoffnungslos erlebt. Das Motiv Hoffnungslosigkeit ist in den letzten Jahren aufgrund der Forschungen von Aaron T. Beck zu einem Schlüsselbegriff der Suizidursachenforschung geworden (z. B. 1985).

Nach diesen allgemeinen Bemerkungen zum Suizid und seinen Ursachen wollen wir uns im folgenden den Besonderheiten der Suizidgefährdung psychisch Kranker zuwenden.

2. Warum nehmen psychisch Kranke sich das Leben?

Verzweiflung und Hoffnungslosigkeit

Psychisch Kranke suizidieren sich aus den gleichen Gründen wie andere Menschen auch: aus Hoffnungslosigkeit und Verzweiflung. Sie nehmen sich das Leben, weil sie keinen anderen Ausweg wissen.

Dies festzuhalten scheint mir wichtig. Der Suizid des psychiatrischen Patienten ist, um es drastisch zu formulieren, nicht Ausgeburt seines Wahns, sondern Reaktion auf eine Lebenssituation, die er als unerträglich erlebt. Gewiß wird dieses Erleben von der Krankheit geprägt. Aber nur ausnahmsweise wird die Krankheitssymptomatik selber zum unmittelbaren, unvorhersehbaren Auslöser des Suizids.

Mich hat ein Bericht J. Gestrich's und J. Stief's (1981) tief beeindruckt, die den Studienerfolg schizophrener Studenten untersuchen wollten und dabei feststellen mußten, daß jeder fünfte von ihnen sich das Leben genommen hat. Sie schreiben dazu:

»Den meisten Suizidhandlungen schienen einfühlbare Motive zugrunde zu liegen. Grundlage der Suizidalität bildeten häufig das Gefühl, so nicht mehr weiterleben zu können und zu wollen, und die fehlende Hoffnung, selbst oder mit fremder Hilfe an der Situation etwas ändern zu können. Als unerträglich wurden dabei vor allem zwei Umstände erlebt: Isolation und unbefriedigende Partnerbezie-

35

hungen zum einen, Erfolglosigkeit im Studium zum anderen. Die Gesunden zur Verfügung stehende Möglichkeit, Mißerfolge auf einem dieser beiden Gebiete durch Erfolge auf dem anderen auszugleichen, fehlt den Schizophrenen häufig. Hält der Zustand des fehlenden Erfolgserlebnisses in der Bewältigung dieser beiden altersspezifischen Aufgaben an, und entsteht beim Patienten der Eindruck, daß sich daran nichts Entscheidendes ändern wird, kann es zur Krise kommen. Suizidale Impulse treten darum gerne dann auf, wenn nach längerer stationärer oder teilstationärer Behandlung eine Verlegung in eine andere Institution, z. B. eine Rehabiliationseinrichtung, ins Auge gefaßt wird. Patienten mit schlechtem Realitätsbezug und latenten oder manifesten Größenideen erleben die Diskrepanz zwischen Anspruch und Wirklichkeit schwerer und sind deswegen gefährdeter. Liegen noch psychotische Symptome vor oder besteht ein Residualzustand, können zu großer sozialtherapeutischer Aktivismus, aber auch ein zu intensives psychotherapeutisches Engagement zur Angst, den Anforderungen nicht gerecht zu werden, und zu Schuldgefühlen, trotz aller Bemühungen des Therapeuten nicht gesund zu werden, führen und Suizidimpulse heraufbeschwören. Überhöhte Anforderungen der Angehörigen hinsichtlich Kommunikation und Leistung können das gleiche Ergebnis haben.

Die meisten unserer Suizidfälle scheinen eine Reaktion auf das bewußte Erleben der Krankheit und ihrer Folgen im zwischenmenschlichen Bereich und auf dem Leistungsgebiet zu sein...

In unserem Krankengut trat der Suizid meist nach Abklingen der produktiven Symptome auf. Gleichwohl gab es auch bei uns Suizide, die auf paranoide Erlebnisse zurückzuführen waren, z. B. ein Student mit Christus- und Opfertodphantasien, der sich am Karfreitag tötete. Im allgemeinen scheinen uns aber weniger die direkten Krankheitssymptome zum Suizid zu führen, als die wahrgenommenen und als nicht kompensierbar erlebten Folgen der Krankheit.«

Die Darstellung GESTRICH's und STIEF's spricht für sich. Ihre Befunde werden inzwischen von einer amerikanischen Untersuchergruppe um P. G. COTTON (1985) und R. E. DRAKE (1984, 1985) bekräftigt, die eine ganze Reihe fundierter Untersuchungen zum Suizid Schizophrener veröffentlicht haben. Auch meine eigenen Befunde zum Patientensuizid (1988) weisen in diese Richtung.

Wenn der Krankheitsverlauf langwierig ist, wenn immer wieder Rückfälle auftreten, wenn die Partnerschaft bedroht ist, die Familienbeziehungen gespannt sind, wenn der Arbeitsplatz durch die Krankheit verlorengeht, wird das Gefühl von Ausweglosigkeit fast zwingend. Die Möglichkeiten der Kompensation sind durch die Krankheit eingeschränkt. Depressivität, gleich welcher Ursache, die Grund- oder Begleitsymtom fast aller psychischer Störungen ist, begünstigt den Weg in die präsuizidale Sackgasse.

Krankheitsbedingte Suizidmotive

Es gibt natürlich auch Suizidmotive, die dem krankhaft veränderten Denken und Fühlen entsprechen. Es gibt Wahnwahrnehmungen, sogenannte imperative Stimmen, die dem Kranken den Suizid befehlen. Es gibt den depressiven Schuld- oder Versündigungswahn, der mit unkontrollierbaren Suizidimpulsen einhergehen kann. Es gibt den Kontrollverlust gegenüber Suizidgedanken bei Intoxikation und anderen psychoorganischen Syndromen, einschließlich solcher nach Elektrokrampfbehandlung. Dies zu bedenken ist bei der Überwachung solcher Patienten besonders wichtig, die durch einen Suizidversuch – z. B. mit Kohlenmonoxyd – in einen solchen Zustand geraten sind. Schließlich gibt es klinische Bilder, die zur Selbsttötung führen können, ohne daß ein Suizid beabsichtigt ist: Es gibt Kranke, die in der akuten Psychose wähnen, sie könnten fliegen oder den Straßenverkehr aufhalten. Solche Risikokonstellationen, die sich unmittelbar aus der Krankheit ableiten, sind jedoch eher selten.

Besonderheiten der Suizidgefährdung psychisch Kranker

Obwohl die Gründe psychisch Kranker, sich das Leben zu nehmen, sich meist nicht von denen anderer Menschen unterscheiden, bedürfen einige Besonderheiten der Beachtung. Die Anlässe für das Erleben von Verzweiflung, Hoffnungs- und Ausweglosigkeit durch den psychisch Kranken sind für den Außenstehenden manchmal nicht ohne weiteres nachvollziehbar, wenn Krankheit und Krankheitsfolgen das Fühlen und Denken verändern oder die Fähigkeit zur Bewältigung von Lebensproblemen vermindern. So erlebt der *Depressive* seine Situation auch ohne äußeren Anlaß als ausweglos. Selbst geringfügige Frustrationen erscheinen ihm unerträglich. Bagatellprobleme erscheinen ihm unlösbar. Das ganze Leben wird zur Last.

Beim *schizophrenen Kranken* kommt es vor, daß die Kraft zu leben sich im Verlauf der Krankheit aufzehrt. Rückfälle sind Rückschläge. Verschlimmerungen, krisenhafte Zuspitzungen und die Aufnahmen im Krankenhaus verengen die Lebensperspektive. Der Verlust von Freunden, die zunehmende Ungeduld der Eltern oder des Partners sind deprimierende Erfahrungen, die bei untergründiger Depressivität und krankheitsbedingter Verminderung der Vitalität um so einschneidender wirken.

Gerade Kranke, die mit ihrem Leiden ringen, die nicht aufgeben wollen, die an den Hoffnungen für ihr Leben festhalten, erleben immer wieder bittere Enttäuschungen. Das gilt insbesondere für junge Menschen, die während einer vielversprechenden Berufsausbildung oder während des Studiums erkranken. Daß sie Therapeuten finden, die an hochgesteckten Behandlungszielen festhalten, verhindert günstigenfalls ihren sozialen und persönlichen Aufstieg. Ungünstigenfalls programmiert es ein unausweichliches Scheitern vor, das in das Erleben von Hoffnungs- und Ausweglosigkeit mündet.

Das Leben mit der schizophrenen Psychose bedeutet für

viele Betroffene eine unablässige Anstrengung bei der Bewältigung von psychischen und sozialen Situationen, die Gesunde gar nicht als Belastungen wahrnehmen. Dadurch erklärt sich, daß es bei schizophrenen Kranken nicht selten zu unvermittelten sozialen Krisen kommt, wenn Therapeuten und Außenstehende eine anhaltende Besserung und Stabilisierung beobachten. Aber auch in solchen Phasen der Remission leben die Betroffenen nicht ohne Anstrengung. Scheinbar nichtige Versagenserlebnisse können das mühsam aufrecht erhaltene emotionale Gleichgewicht zum Zusammensturz bringen und eine suizidale Krise heraufbeschwören.

Beim *Alkoholkranken*, beim *Medikamenten-* und beim *Drogenabhängigen* kann der Suchtstoffgebrauch in seinen verschiedenen Phasen die suizidale Krise heraufbeschwören. Der Katzenjammer nach zuviel Alkoholgenuß ist sprichwörtlich. Der Suchtmittelgebrauch ist oft von einer emotionalen Labilisierung begleitet. Erhöhte depressive Verstimmbarkeit – auch außerhalb der Entzugssituation – gehört zur Suchtstoffabhängigkeit gleich welcher Art.

Aus allen diesen Gründen ist das präsuizidale Syndrom, wie RINGEL (1969) es formuliert hat, beim psychisch Kranken nicht in der gleichen Deutlichkeit zu erkennen wie bei anderen Suizidgefährdeten. Gewiß findet auch bei ihm eine zunehmende Einengung der Lebenssituation, der Psychodynamik, der zwischenmenschlichen Beziehungen und der Wertwelt statt. Gewiß kommt es auch bei ihm zu Aggressionsstau mit Wendung der Aggression gegen die eigene Person. Gewiß hat auch er Selbstmordphantasien, die sich konkretisieren, die er schließlich nicht mehr beherrschen kann. Aber vieles spricht dafür, daß es bei ihm, auf dem Hintergrund einer ständig vorhandenen Basisgefährdung, zu einer viel rascheren krisenhaften Zuspitzung kommt als bei anderen Suizidgefährdeten.

Damit werden die einzelnen Schritte der suizidalen Entwicklung kaum mehr abgrenzbar. Die Zeiträume für die Er-

39

kennung der suizidalen Krise und die Möglichkeit einer Intervention verkürzen sich.

> Vieles spricht dafür, daß die suizidale Krise beim schwer depressiven und beim schizophrenen Kranken von der Aktualisierung der Suizidalität bis zur Vollendung der Suizidhandlung manchmal nur Minuten dauert. Dadurch werden die Möglichkeiten des Eingreifens innerhalb der Krise eingeschränkt. Die Suizidprophylaxe muß früher einsetzen – etwa bei der Behandlung der Grundkrankheit oder bei dem Versuch, der Entwicklung solcher Krisen vorzubeugen.

Nach der Klinikentlassung

Die Gefährdung ist mit der Klinikentlassung nicht vorüber. Die Entlassung bewirkt zunächst Hoffnung beim Kranken und in seiner Umgebung, nun werde alles gut. Diese Hoffnung ist beim Kranken fast immer von der Angst vor einem Rückschlag begleitet. Er muß fürchten, die Erwartungen an ihn könnten zu hoch sein; – oft sind sie es auch.

Zugleich verliert der Patient den beschützenden Hintergrund der Klinik, in der Versagen nicht nur erlaubt ist, sondern gleichsam die Rechtfertigung für weitere Behandlung darstellt. Die Absicherung durch die Geborgenheit der Station und ihres entlastenden Milieus findet ein abruptes Ende. Ebenso übergangslos verdünnen sich die stützenden Kontakte zu den Kliniktherapeuten. Auch das Kommunikationsnetz zu den Mitpatienten reißt.

Die durch den Klinikaufenthalt suspendierten Beziehungen zu Lebenspartnern, Eltern, anderen Angehörigen und Freunden müssen wieder aufgenommen werden. Rollenerwartungen und Erfüllung von Aufgaben in Familie und Beruf harren der Erfüllung. Enttäuschungs- und Vereinsamungserlebnisse können nicht ausbleiben. So wird der entlassene psychiatrische Patient mit einer Vielfalt von Belastungen und Frustrationsmöglichkeiten konfrontiert, die ihn in seinem Zustand fortbestehender psychischer und sozialer Verwundbarkeit in Gefahr bringen können. Das gilt vor allem, wenn eine Nachsorge nicht organisiert ist, oder wenn sie mit zusätzlichen Erwartungsängsten verbunden ist.

3. Besonders gefährdete Patienten: Versuch einer Typisierung

Mit Hilfe der epidemiologischen und der epidemiologisch-kasuistischen Literatur lassen sich jene Kranken, die besonders gefährdet sind, bis zu einem gewissen Grad typisieren. Es fragt sich, ob eine solche Abstrahierung sinnvoll und im Alltag hilfreich ist. Dennoch will ich eine solche Typisierung versuchen. Ich stütze mich dabei auf Literaturübersichten, die ich in der »Suizidprophylaxe« (1984, 1986) und in meinem Buch »Patientensuizid« vorgenommen habe. Eine solche Typisierung dient der Sensibilisierung. Sie vermittelt nur die halbe Wahrheit. Im konkreten Fall kann immer auch das Gegenteil des gerade beschriebenen Merkmals richtig sein.

Demographische Merkmale

Während unter den Suiziden in der Allgemeinbevölkerung Männer doppelt so häufig vertreten sind wie Frauen, sind Männer und Frauen bei Suiziden von psychisch Kranken etwa gleich häufig vertreten. 80 Prozent der Betroffenen sind zwischen 20 und 60 Jahren alt. Dabei sind schizophrene Kranke eher unter 40; depressive eher über 50 Jahre. Der typische Patient, der sich das Leben nimmt, ist eher ledig, verwitwet oder geschieden als verheiratet. Aber er lebt meistens trotzdem nicht allein. Dabei mag überraschen, daß er die Wohnung eher mit einem Partner als mit den Eltern teilt. Zwischen ihm und den Menschen, mit denen er zusammenlebt, bestehen Spannungen. Er hat berufliche Schwierigkeiten. Oft hat er einen beruflichen und sozialen Abstieg erlebt.

Krankheitsbilder

Er ist schizophren; oder er leidet an einer affektiven Psychose. Bei beiden Störungen sind die Krankheitsbilder häufig untypisch. Depressionen sind nicht selten durch Wahnsymptome kompliziert. Die diagnostische Einordnung wechselt während des Verlaufes. Manchmal wird die Diagnose bis zum Suizid nicht gestellt. Die Klassifikation junger schizophrener Kranker als »Borderline-Patienten« und die phasisch-depressiver als »neurotisch Depressive« ist besonders häufig. Auch wenn andere Grundstörungen bestehen, ist die Stimmung oft depressiv.

Der typische Suizidant während der Klinikbehandlung ist nicht alkohol- oder medikamentenabhängig. Aber er hat nicht selten Probleme mit Alkohol oder dem Gebrauch von Tranquilizern. Nach der Krankenhausentlassung und während der ambulanten Behandlung sind Suchtstoffabhängige, meist im Zusammenhang mit Rückfällen, besonders oft vertreten.

Familienvorgeschichte

In der Familienvorgeschichte sind vermehrt psychische Krankheiten bekannt. Auch Suizide von nahen Angehörigen kommen gehäuft vor – insbesondere von Eltern oder Großeltern.

Suizidversuche und Suizidalität

Er hat meist einen oder mehrere Suizidversuche in der Vorgeschichte. Auf jeden Fall ist Suizidalität ein Problem, mit dem er sich bereits auseinandergesetzt hat. Das gilt vor allem auch für die Zeit des Klinikaufenthaltes, der schließlich mit dem Suizid endet. Aber er wird in den Tagen, die dem Suizid unmittelbar vorangehen, in den meisten Fällen nicht als unmittelbar suizidgefährdet eingeschätzt.

Krankheitsdauer, häufige Wiederaufnahmen,
schleppender Verlauf

Seine Krankheit dauert *länger als ein Jahr*, meist sogar mehr als fünf Jahre. Er ist nicht zum erstenmal im psychiatrischen Krankenhaus, oft fünfmal und mehr. Ein Anstieg der Suizid-gefährdung scheint mit der dritten Aufnahme in der Klinik einzusetzen.

Ein besonders großes Risiko besteht, wenn die *Wiederauf-nahme nach kurzer Zeit* (weniger als drei Monate) erfolgt. Sein Krankheitsverlauf ist chronisch oder chronisch-rezidi-vierend. Die *Behandlungsfortschritte* während der Kranken-hausbehandlung sind *schleppend*. Während typischerweise weit über die Hälfte der Patienten nach weniger als dreißig Tagen entlassen werden, tritt der Suizid oft jenseits dieses Zeitraums, aber noch im ersten Behandlungsjahr ein. Ist er Langzeitpatient, ist er besonders gefährdet, wenn er sich in einer rehabilitativen Situation befindet, oder wenn seine Sta-tion großen Veränderungen ausgesetzt ist.

Insgesamt wird der Behandlungsverlauf von den Thera-peuten als schleppend, die Prognose als eher negativ ge-sehen. Das subjektive Erleben des Patienten entspricht dem. Er äußert Resignation, Hoffnungslosigkeit und sieht keine Zukunftsperspektive.

Fehlende floride Symptome

Er hat zum Zeitpunkt des Suizid meist keine floriden Sym-ptome; allenfalls die Depressivität ist schwerwiegend.

Ort der Behandlung – Ort des Suizids

Er befindet sich auf einer offenen Aufnahmestation oder einer Rehabilitationsstation. Er hat Ausgang oder Urlaub oder entfernt sich zum Suizid unerlaubt von einer offenen Station. Selten suizidiert er sich im Wachsaal. Dann leidet er eher unter akuten Symptomen, wie depressiver Verzweiflung. Oft benützt er den Weg zu therapeutischen Aktivitäten im Krankenhausgelände oder zurück zur Station (Arbeitstherapie, Beschäftigungstherapie) zum Suizid. Unmittelbar vor dem Suizid wird er entweder überhaupt nicht als suizidal eingeschätzt, oder seine Suizidgefährdung wird von den Therapeuten – in Absprache mit dem Patienten – als kontrollierbar betrachtet.

Harte Methoden

Er wählt bevorzugt harte Suizidmethoden, die in seiner Umgebung besonders leicht zugänglich sind (auf der geschlossenen Station Erhängen; sonst Sturz-vor-Zug oder Sturz-aus-großer-Höhe oder Ertränken, je nach Geographie des Krankenhauses; in den USA und in der Schweiz Erschießen.)

Pharmakotherapie

Er erhält neuroleptische oder antidepressive Medikamente oder beides. Art und Dosierung der Medikation sind nicht selten aber untypisch gegenüber den sonstigen Gepflogenheiten der Behandlungsinstitution. Die antidepressive Behandlung ist oft unterdosiert. Schizophrene Kranke erhalten nicht selten, gemessen an der jeweiligen Phase des Krankheitsverlaufes, erstaunlich hohe Medikamentendosen, ohne daß diese zu Restriktionen bei Ausgang oder Urlaub führen. Die Medikamente maskieren die Krankheitssymptomatik, ohne sie vollständig zu unterdrücken. Sie verdecken dann auch die Suizidgefährdung.

Therapiefreie Zeiten als Risikosituationen

Der Suizid ereignet sich in therapiefreien Zeiten, wenn das Pflegepersonal abgelenkt oder anderweitig beschäftigt ist, oder wenn die Personalbesetzung nur gering ist – am frühen Morgen, um die Mittagszeit oder am Spätnachmittag und Abend, nicht jedoch in der Nacht zwischen Mitternacht und sechs Uhr morgens. Ein bestimmter Wochentag ist nicht eindeutig mit einer besonderen Gefährdung verbunden. In einzelnen Untersuchungen zeichnet sich jedoch ein erhöhtes Risiko am Freitag ab, wenn Entscheidungen und Vorkehrungen für ein therapeutenfreies Wochenende getroffen werden. An Wochenenden ereignet der Suizid sich vor allem während der Beurlaubung zu Hause und nicht in der Klinik. Jahreszeitlich scheint eine Häufung in den Monaten Juli, August und September zu bestehen.

Beziehungs-Clinch und Gegenübertragungshaß

Der typische Patient, der sich in der Klinik suizidiert, befindet sich oft mit seinen Therapeuten im Clinch. Das gilt für Ärzte und Psychologen ebenso wie für Krankenpfleger und -schwestern. Es entsteht der Eindruck, daß er die an ihn gestellten Erwartungen der Therapeuten erfüllen kann aber nicht will. In Teambesprechungen heißt es oft von ihm, er »agiere« neurotisch, obwohl die Diagnose Psychose allgemein bekannt ist. Vom Pflegepersonal wird er wegen seiner Unzufriedenheit und seiner ständigen Klagen schließlich nicht mehr oder nur noch widerwillig angehört. Er sperrt sich gegen die Aufnahme ins Krankenhaus und will möglichst bald wieder raus. Aber er ist vom Leben draußen überfordert, oder er hat sich ans Krankenhausmilieu angepaßt und fühlt sich von der geplanten Entlassung bedroht, weil sie ihn überfordert, die Therapeuten ihm dies jedoch nicht abnehmen. Oft geraten die Therapeuten in einen regelrechten »Gegenübertragungshaß« zu ihm, weil die gegenseitigen Erwartungen unrealistisch sind und zu schweren Enttäuschungen geführt haben. Nach dem Suizid ist die typische Reaktion der Therapeuten: »auf die Dauer mußte es so ja kommen«; oder: »ist es nicht vielleicht das Beste für ihn« – eine Haltung, die jede Suizidprophylaxe im Krankenhaus bedroht.

4. Die Suizidgefährdung erkennen

Die Probleme von Erkennung und Beurteilung der Suizidalität werden in gründlicher und fruchtbarer Weise von HÄNEL und PÖLDINGER (1986) im zweiten Band der »Psychiatrie der Gegenwart« in all ihrer Komplexität dargestellt. Der Leser sei zur weiterführenden Lektüre darauf verwiesen. Die wichtigste Leitlinie für den psychiatrischen Alltag ist diese:

Suizidgefährdung erkennt man am sichersten, indem man den Kranken danach fragt. Das fällt schwer. Gerade bei Anfängern besteht eine Scheu, Selbstmordgedanken, frühere Suizidversuche und Suizide in der Familie oder im Freundeskreis anzusprechen. Diese Furcht ist in der Regel unbegründet. Patienten greifen die einfühlsam gestellte Frage nach Gedanken von Nichtigkeit, Sinnlosigkeit, Selbstzerstörung und Tod oft mit Erleichterung auf.

Ein Fragenkatalog zur Abschätzung der Suizidalität, den PÖLDINGER (1982) entwickelt hat, kann vor allem dem Anfänger wertvolle Hilfe leisten. Wenn noch keine Vertrauensbeziehung zum Patienten besteht, empfiehlt es sich, nicht mit der ersten, sondern mit der zehnten Frage zu beginnen. Für die Beurteilung ist der klinische Gesamteindruck gewiß von größerer Bedeutung als die erreichte Punktzahl.

Die sorgfältig erhobene Anamnese suizidalen Verhaltens gehört in jede psychiatrische Krankengeschichte. Dabei muß nach früheren und aktuellen Suizidgedanken, früheren Suizidversuchen und nach Suizidereignissen in der näheren Umgebung, insbesondere in der Elternfamilie, gefragt werden. Daß die notwendige Sorgfalt nicht immer aufgewendet wird, war ein Nebenbefund einer unserer Untersuchungen (HUN-

Fragenkatalog zur Abschätzung der Suizidalität (Pöldinger) 1982

Je mehr Fragen im Sinne der angegebenen Antwort beantwortet werden, um so höher muß das Suizidrisiko eingeschätzt werden.

1. Haben Sie in letzter Zeit daran denken müssen, sich das Leben zu nehmen?	ja	
2. Häufig?	ja	
3. Haben Sie auch daran denken müssen, ohne es zu wollen? Haben sich Selbstmordgedanken aufgedrängt?	ja	
4. Haben Sie konkrete Ideen, wie Sie es machen würden?	ja	
5. Haben Sie Vorbereitungen getroffen?	ja	
6. Haben Sie schon zu jemandem über Ihre Selbstmordabsicht gesprochen?	ja	
7. Haben Sie einmal einen Selbstmordversuch unternommen?	ja	
8. Hat sich in Ihrer Familie oder in Ihrem Freundes- und Bekanntenkreis schon jemand das Leben genommen?	ja	
9. Halten Sie Ihre Situation für aussichts- und hoffnungslos?	ja	
10. Fällt es Ihnen schwer, an etwas anderes als an Ihre Probleme zu denken?	ja	
11. Haben Sie in letzter Zeit weniger Kontakte zu Ihren Verwandten, Bekannten und Freunden?	ja	
12. Haben Sie noch Interesse daran, was in Ihrem Beruf und in Ihrer Umgebung vorgeht? Interessieren Sie noch Ihre Hobbies?		nein
13. Haben Sie jemanden, mit dem Sie offen und vertraulich über ihre Probleme sprechen können?		nein
14. Wohnen Sie zusammen mit Familienmitgliedern oder Bekannten?		nein
15. Fühlen Sie sich unter starken familiären oder beruflichen Verpflichtungen stehend?		nein
16. Fühlen Sie sich einer religiösen bzw. weltanschaulichen Gemeinschaft verwurzelt?		nein
Anzahl entsprechend beantworteter Fragen		
Endzahl = max. 16		

TEMANN 1987): Bei der Exploration der Patienten einer Station für unser Projekt ermittelten wir bei neun von dreizehn Kranken vorangegangene Suizidversuche. Auf der Station waren solche nur bei zwei Prozent bekannt!

> Es genügt aber nicht, die Frage der Suizidgefährdung bei der Aufnahme zu prüfen. Der Krankheitsverlauf in der Klinik und nach der Entlassung kann ein Auf und Ab von Besserung und Verschlechterung, von Hoffnungen und Enttäuschungen sein.

Auf unseren Aufnahme- und Rehabilitationsstationen tragen wir dem Rechnung, indem Arzt und Krankenpfleger jeden Morgen die Liste der Patienten routinemäßig durchgehen mit der Frage: Wer könnte gefährdet sein? Wer ist es nicht? An allen Eckpunkten der Behandlung reicht das nicht aus. Bei der Erstgewährung von Ausgang und Urlaub, nach Verminderung der Medikamentendosis, bei anstehender Entlassung oder bei Enttäuschungserlebnissen, vor und nach belastenden Situationen muß ebenso nachgefragt werden, wie bei einer Veränderung der klinischen Symptomatik. Die Besserung der Krankheitssymptomatik signalisiert beim schizophrenen wie bei depressiven Kranken nicht unbedingt Entwarnung. Die Distanzierung vom psychotischen Erleben zwingt zur Auseinandersetzung mit der Wirklichkeit und den sozialen Konsequenzen mit der Krankheit.

5. Unspezifische Risikofaktoren: die Basissuizidalität

Versuche, die Suizidgefährdung psychiatrischer Patienten mit Hilfe von Testverfahren zu messen (z. B. MOTTO 1985) haben bislang keine praktische Bedeutung gewonnen. Sie sind zu aufwendig, zu kompliziert und zu unspezifisch. Dennoch gibt es jenseits der aktuellen klinisch faßbaren Suizidalität einige Merkmale, die mit einem erhöhten Suizidrisiko einhergehen. Dazu gehören:

- frühere Suizidversuche;
- die Diagnose einer Psychose aus dem schizophrenen Formenkreis oder einer endogenen Depression;
- suizidales Verhalten im Zusammenhang mit der jetzigen
  Erkrankungsphase (Suizidversuche während des Aufenthaltes oder vor der Aufnahme, Suizidgedanken und
  Suizidphantasien, auch wenn sie aktuell nicht mehr vorhanden sind);
- vermehrte Wiederaufnahmen innerhalb kurzer Zeit (insbesondere von der dritten Aufnahme an);
- Wiederaufnahmen innerhalb von weniger als drei Monaten
  nach der letzten Entlassung;
- ein schleppender Behandlungsverlauf bei Kranken mit
  schizophrenen Psychosen, die dennoch keine typischen
  Langzeitpatienten sind (Verweildauer von mehr als 90 Tagen aber weniger als einem Jahr).

Durch diese Merkmale unterschieden sich die Patienten
unserer Klinik, die sich das Leben genommen haben, von
einem Kollektiv von 168 aufeinanderfolgenden neuaufgenommenen Patienten (FÜRST 1989) und/oder einem Kollektiv 101 Patienten bei einer Stichtagserhebung (HUNTEMANN
1987). Die Unterschiede sind deutlich. Sie treten bei der Analyse der neuaufgenommenen Patienten noch klarer hervor als
bei der Analyse der offenbar schwerer erkrankten Stichtags-
population.

Als weiteren Risikofaktor ist die *Hoffnungslosigkeit* im
Hinblick auf die aktuelle Situation und die Lebensperspektive
zu betrachten, die der Kranke erlebt und/oder die die Therapeuten als Reaktion auf die Situation des Patienten empfinden. Für die Beurteilung ist das subjektive Erleben des
Patienten ausschlaggebend. Gerade bei depressiven Verstimmungszuständen muß die erlebte Hoffnungslosigkeit, die
zum unmittelbaren Anlaß eines Suizids werden kann, nichts
mit der von Dritten wahrgenommenen Wirklichkeit zu tun
haben. Ähnliches gilt für Enttäuschungs- und Zurückwei-
sungserlebnisse bei schizophrenen Kranken mit schleppen-

dem Behandlungsverlauf und erhöhter emotionaler Verwundbarkeit, die von Dritten oft als Bagatellen wahrgenommen werden: z. B. die Verschiebung des Entlassungstermins,
die Verweigerung eines Urlaubs, ein Streit mit Angehörigen.

Natürlich bildet die Erfassung dieser Risikofaktoren kein
Patentrezept zur Erkennung und Verhütung von Patientensuiziden. So sind auch andere Patientengruppen gefährdet als
Schizophrene und endogen Depressive (letztere doppelt so
häufig wie Schizophrene!). Das gilt etwa für Patienten mit
körperlich begründbaren Psychosen oder mit depressiver
Verstimmtheit bei psychoorganischen Syndromen, für
Kranke, die nach einem Suizidversuch noch intoxikiert sind,
für Kranke mit einer beginnenden senilen Demenz, die ratlos
und verzweifelt sind, über das was mit ihnen geschieht.

Auf der anderen Seite müssen wir davon ausgehen, daß
Kranke mit mehreren der von uns beschriebenen Risikofaktoren unabhängig von der aktuellen Suizidalität erhöht suizidgefährdet sind. Bei ihnen besteht eine vermehrte Wahrscheinlichkeit, daß es innerhalb des Behandlungsverlaufes zu
suizidalen Krisen und zu Suizidhandlungen kommen wird.

Die Schwierigkeiten bei der Abschätzung der Suizidalität
stehen im Mittelpunkt des 14. Kapitels meines Buches über
den Patientensuizid (1988). Aufgrund unserer Erfahrungen
habe ich den Eindruck, daß die Dokumentation der »Basis-
suizidalität« sich als taugliches Mittel zur Suizidprophylaxe
bewährt. Wir beschränken uns dabei auf die Registrierung
von drei objektivierbaren Risikofaktoren: frühere Suizidversuche; Diagnose einer Psychose, Wiederaufnahme nach kurzer Zeit: dazu kommt als eher subjektiver Faktor die »Hoffnungslosigkeit« von Patienten und/oder Therapeuten, wobei
wir das englische Wort »hopelessness« im Sinne BECK's verwenden. Kranke, bei denen mehrere dieser Faktoren zutref-
fen, erfahren auch dann erhöhte Aufmerksamkeit, wenn sie
keine aktuelle Suizidgefährdung erkennen lassen (vgl. Diekmann 1989, von der Haan 1990).

3 Die Behandlung des suizidgefährdeten Kranken

Die folgenden Kapitel widmen sich der Behandlung des suizidgefährdeten Kranken. Dabei sind einige Darstellungsprobleme zu bewältigen. Diese haben ihre Ursache vor allem darin, daß wir zwei Aufgaben zugleich gerecht werden müssen. Zum einen geht es um Maßnahmen der *Behandlung und der Krisenintervention bei Patienten mit bekannter aktueller Suizidalität*. Zum anderen geht es um die *Behandlung von psychisch Kranken*, bei denen aufgrund ihres Leidens oder aufgrund des Krankheitsverlaufs eine Suizidgefährdung unterstellt werden muß, *ohne daß eine aktuelle Suizidalität vorhanden oder bekannt ist*. Der zweite Aspekt wird in diesem Kapitel ganz im Vordergrund stehen. Die anschließenden Kapitel über spezifische therapeutische Interventionen und Zugehensweisen werden das Vorgehen bei bekannter Suizidalität stärker berücksichtigen.

> Suizidgefährdung ist keine Krankheit eigener Art. Sie ist Ausdruck einer Lebenskrise. Sie kann aus einer als ausweglos erlebten sozialen Situation erwachsen. Sie kann aber auch Begleitsymptom einer psychischen Krankheit sein.

Am stärksten belastet sind Kranke mit psychotischen Depressionen und Psychosen aus dem schizophrenen Formenkreis. Fast alle Patienten, die an solchen Krankheiten leiden, sind irgendwann im Verlaufe ihrer Erkrankung suizidgefährdet. Die Rate vollendeter Suizide ist bei solchen Kranken hoch. Wenn die Krankheit so schwer ist, daß sie eine Klinikbehandlung erforderlich gemacht hat, kann sie auf lange Sicht zehn bis zwanzig Prozent betragen.

Die hohe Suizidgefährdung von Suchtstoffabhängigen ist bekannt. Sie besteht vor allem außerhalb der Klinik. Sie ist Ergebnis mannigfacher psychischer und sozialer Krisen im Gefolge der Abhängigkeit – Scheitern der Partnerschaft, Verlust des Arbeitsplatzes, allgemeine Entwurzelung, Verlust des Selbstwertgefühls. Hinzu treten Zustände depressiver Verstimmung nach Suchtmittelexzessen oder im Entzug (»Katerstimmung«), die zu krisenhaften Zuspitzungen des Gefühls von Ausweglosigkeit und Hoffnungslosigkeit führen können.

Menschen mit Neurosen oder Persönlichkeitsstörungen sind unter den Patienten, die sich im Krankenhaus suizidieren, eher selten. Sie weisen damit Parallelen zu den Suchtstoffabhängigen auf. Sie stellen jedoch den größten Anteil der Klientel der Entgiftungsstationen allgemeiner Krankenhäuser, wo sie mit Suizidversuchen zur Aufnahme kommen. Haben sie erst einmal einen Suizidversuch unternommen, liegt ihr Langzeitsuizidrisiko ebenso hoch wie das Psychosekranker. Auch unter den Hilfesuchenden der Lebens- und Krisenberatungsstellen sowie der Telefonseelsorge sind sie am häufigsten vertreten. Der Übergang zu jenen ist fließend, die in einer aktuellen Lebenskrise Rat suchen, ohne daß dieses Ausdruck von Krankheit oder länger dauernde beeinträchtigter psychischer Gesundheit wäre.

Patienten gerontopsychiatrischer Stationen sind nach unseren Befunden unter den Krankenhaussuiziden kaum vertreten. Das hängt vielleicht damit zusammen, daß Kranke mit Altersdepressionen häufig auf allgemeinpsychiatrischen Abteilungen behandelt werden. Die senile Demenz, die der häufigste Grund für die Klinikaufnahme psychisch kranker alter

Menschen ist, führt zur Handlungs- und Entscheidungsunfähigkeit. Davon ist auch die Entscheidung zum Suizid betroffen. Das darf nicht darüber hinwegtäuschen, daß psychische Krankheit auch im höheren Lebensalter eine wichtige Teilursache suizidalen Verhaltens sein kann. Depressive Verstimmungszustände jenseits des sechzigsten Lebensjahres sind häufig. Sie treten auf als Krankheit eigener Art – als Involutionsdepression. Öfter sind sie Reaktionen und Begleitsymptome körperlicher Erkrankungen, des allmählichen Schwindens der psychischen und physischen Kraft, des Verlusts als sinnvoll erlebter Lebensinhalte und von Vereinsamung. Wenn Krankheitssymptome und soziale Faktoren zusammen zum Gefühl der Hoffnungslosigkeit führen, steigt das Suizidrisiko.

Die Suizidgefährdung ist ein komplexes Geschehen. Psychische, soziale und situative Faktoren wirken zusammen. Bei psychiatrischen Patienten kann die Krankheit gleich auf mehrfache Weise Suizidgefährdung herbeiführen: als Symptom, als Auslöser von Lebens- und Beziehungskrisen und als Auslöser sozialer Katastrophen mit Verlust von Arbeitsplatz, Einkommen und Zukunftsaussichten. Entsprechend bietet sich in Beratungsstellen für Menschen in Lebenskrisen eine Klärung der Situation als Einstieg in die Behandlung des Suizidgefährdeten an. In der psychiatrischen Klinik wie in der Sprechstunde hat die Behandlung der Grundkrankheit gleichrangige Bedeutung. Voraussetzung dafür ist die Sicherung der Diagnose und die richtige Einschätzung der Psychopathologie.

1. Diagnose und Psychopathologie

»Vor die Therapie haben die Götter die Diagnose gesetzt.« Diese Binsenwahrheit, die dem Medizinstudenten in den ersten Semestern mit auf den Weg gegeben wird, ist in der Psychiatrie nie ganz unumstritten gewesen. Das Ringen um eine verbindliche Klassifikation psychiatrischer Krankheitsbilder hält bis in unsere Tage an. Der Streit um die Einheits-psychose gehört in die jüngere Geschichte der Psychiatrie. Von Syndrom-Diagnosen ist heute noch die Rede. Die Auf-forderung, Diagnosen wegen ihres etikettierenden und stig-matisierenden Charakters tunlichst ganz zu vermeiden, kommt nicht nur von antipsychiatrischen Theoretikern.

Die Diagnose ist ein Etikett. Sie ist die Abstrahierung eines wahrgenommenen und beschriebenen Bildes. Sie dient der Orientierung für die Therapie. Sie ist zugleich Sammelbecken – Schublade – für eine Vielfalt von Varianten, atypischen Bil-dern und Verläufen, die unter der gleichen Überschrift zu-sammengefaßt werden. Die Diagnose schließt die individu-elle Würdigung der Situation des einzelnen Kranken nicht aus. Sie verlangt sie vielmehr.

Die Diagnose als Orientierungspunkt ist unabdingbar. Wenn sie nicht gestellt ist, kann es keine therapeutische Linie geben. Die Therapie ist dann polypragmatisch und sprung-haft. Der ungeplante Einsatz von Medikamenten, sozialthe-rapeutischen Maßnahmen und konfliktorientierter Psycho-therapie kann bei potentieller Suizidalität zur Gefahr für den Patienten werden.

RITZEL (1974) hat schon früh darauf hingewiesen, daß die Krankheitssymptome von Patienten, die sich später suizidie-ren, manchmal komplex und schwierig einzuordnen sind. Unsere eigenen Befunde bestätigen das. Bei der retrospekti-ven Untersuchung von Suiziden in Klinik und Ambulanz kamen wir bei fast einem Drittel der Fälle zu einer anderen Diagnose als die Therapeuten.

Die diagnostische Klassifikation hat Konsequenzen für die Therapie. Das gilt in verschärftem Maße, wenn man sich zu Maßnahmen gegen den Willen des Kranken entschließen muß. Mir sind mehrere Gespräche mit den verantwortlichen Ärzten in Erinnerung, die auf den Schluß hinausliefen: »Wenn ich damals geglaubt hätte, es handle sich um eine Psychose, dann hätte ich einen Unterbringungsbeschluß be-antragt.«

54

Es scheint vor allem eine bestimmte Wahrnehmung von Psychopathologie zu sein, die die Differentialdiagnose Psychose/Persönlichkeitsstörung erschwert: Das Verhalten des Kranken ist einfühlbar. Der Kranke »agiert« – und verärgert damit oft die Therapeuten. Auch Ambivalenz wird gelegentlich nicht als Symptom wahrgenommen, sondern verständnisvoll oder unmutig zu, »er weiß nicht, was er will«, verkürzt. Es scheint eine Tendenz zu bestehen, solche Symptome, die im JASPERS'schen Sinne verstehbar und einfühlbar sind, eher zu interpretieren als sie auf ihren psychopathologischen Gehalt abzuklopfen – bzw. beides zu tun!

Auf Gegenübertragungsprobleme werde ich später eingehen. Im Zusammenhang mit Diagnostik und Psychopathologie sei lediglich darauf verwiesen, daß vor allem bei Patienten Schwierigkeiten bestehen, eine Psychose zu erkennen, die nur diskrete Krankheitssymptome zeigen und die eine Betroffenheit oder Mitbetroffenheit im Diagnostiker auslösen: gleichaltrige junge Leute, deren hoffnungsvolle Zukunft bedroht ist; Kranke, die Gedanken an die eigenen Kinder – oder Eltern – wachrufen; Patienten, die in ihrem Verhalten an bekannte Reaktionen aus Familien- und Freundeskreis erinnern. »Mein Vater ist auch depressiv geworden, als er einen Betrieb schließen mußte«, meinte die Therapeutin, als ihr Patient im Rahmen einer, meiner Ansicht nach, phasischen depressiven Verstimmung sein florierendes Büro aufgab – und sich bald danach suizidierte.

Die Diagnose Psychose aus dem schizophrenen Formenkreis oder Borderline-Syndrom, affektive Psychose oder neurotische Entwicklung entscheidet darüber, ob die Pharmakotherapie mit stützender psychotherapeutischer Führung im ersten Abschnitt der Behandlung zur tragenden Säule der Behandlung wird oder die konfliktorientierte Psychotherapie. Bei Suizidgefährdung kann die richtige Differentialdiagnose damit lebensentscheidend werden. Auch die Abgrenzung zwischen schizophrener und affektiver Psychose scheint gelegentlich Schwierigkeiten zu bereiten, wenn ein ausgeprägter depressiver Wahn besteht. Dann besteht die Gefahr, daß das Suizidrisiko im akuten Krankheitsstadium unterschätzt wird.

Solche Erörterungen klingen theoretisch. Oft benötigt man für seine differentialdiagnostischen Erwägungen Zeit. Außerdem ist die Abgrenzung zwischen depressiver Neurose und Psychose zunehmend umstritten. Andererseits hat die Abgrenzung therapeutische Konsequenzen im Hinblick auf den Umgang mit konfliktorientierter psychotherapeutischer Behandlung bei Kranken mit depressiven Verstimmungszuständen.

Wichtig scheint mir in diesem Zusammenhang der eher banale Hinweis zu sein, daß nicht allein der gegenwärtige Zustand Grundlage der Diagnose werden darf. Die Biographie des Kranken und die Geschichte seiner Krankheit ist einzubeziehen. Psychische Krankheiten haben vielfältige Verlaufs- und Erscheinungsformen.

Beispiel
Als Beispiel sei eine Patientin mit einer lange bekannten Psychose aus dem schizophrenen Formenkreis genannt, die zunächst nur im Zusammenhang mit Schwangerschaften aufgetreten war. Bei ihrer vierten klinischen Aufnahme standen unkontrollierbare Angst und die Furcht, sich suizidieren zu müssen, im Vordergrund der Symptomatik. Beide Ängste klangen innerhalb von wenigen Tagen ab. Aus organisatorischen Gründen erfolgte die Verlegung auf eine offene Station. Der Stationsarzt diagnostizierte anhand des Bildes, das die Patientin nun bot, eine neurotische Entwicklung mit identifizierbaren Konflikten. Er entschloß sich, diese aufdeckend psychotherapeutisch zu bearbeiten. Im Verlauf der folgenden vier Wochen beobachtete er ständige Fortschritte. Zugleich dokumentierte er, die Patientin fühle sich immer schlechter; dies treffe aber nicht zu. Schließlich suizidierte sie sich anläßlich eines Ausgangs.

Die Konsistenz von Diagnose und Therapie ist eine selbstverständliche Forderung. Sie scheint aber, wie das Beispiel zeigt, nicht immer gewährleistet zu sein. Es gibt dafür andere Gründe als die fälschliche Revision der Diagnose. Unentschlossenheit, Unsicherheit, mangelnde Konsequenz in der Auseinandersetzung, auch Unkenntnis gehören dazu: alles Faktoren, die nicht geeignet sind, das Vertrauen des Kranken in die Zuverlässigkeit seiner Therapeuten zu kräftigen.

Wenn es so ist, daß Suizidgefährdung ein Symptom von Depressionen, von Psychosen aus dem schizophrenen Formenkreis, von Abhängigkeitserkrankungen, Neurosen und Persönlichkeitsstörungen und von bestimmten Formen psychischer Krankheiten älterer Menschen ist, verspricht die Behandlung der Grundkrankheit die dauerhafteste Chance zur Überwindung dieses Symptoms. Auch wenn sie nur ein Teilfaktor ist, kräftigt die erfolgreiche Behandlung der Grundkrankheit den Betroffenen für die Auseinandersetzung mit den situativen Anteilen seiner Suizidalität.

Nun können diese Leitlinien zur Suizidprophylaxe kein Lehrbuch der psychiatrischen Therapie ersetzen. Ich will mich deshalb unter dem Gesichtspunkt der Suizidprophylaxe auf wenige Anmerkungen beschränken.

2. Depressionen (affektive Psychosen)

Allgemeine Überlegungen

Die phasisch verlaufenden Depressionen, die affektiven Psychosen, sind am relativ häufigsten mit Kliniksuiziden belastet. Das hängt möglicherweise damit zusammen, daß im Zeichen der antidepressiven Pharmakotherapie nur noch verhältnismäßig schwer betroffene und therapieresistente Patienten mit solchen Krankheiten in die Klinik kommen. Es gilt die Regel, daß Depressive in der Phase der Besserung und in der Phase der Verschlechterung besonders gefährdet seien. In diesen Abschnitten der Krankheit seien Depressivität und Verzweiflung schon bzw. noch ausgeprägter. Der Antrieb zur Umsetzung suizidaler Anwandlungen sei noch bzw. schon wieder vorhanden. Demgegenüber seien Antrieb und Vitalität auf dem Plateau der tiefsten depressiven Verstimmung so weit gemindert, daß die Energie zur Umsetzung vorhandener Suizidgedanken in Suizidhandlungen nicht aufgebracht werden könne.

Diese Lehrmeinung mag vom Grundsatz her richtig sein. Für den therapeutischen Alltag müssen wir davon ausgehen, daß der phasisch Depressive – der psychotisch Depressive – suizidgefährdet ist, solange die Depression besteht. Innerhalb des Verlaufs können Stimmungs- und Antriebsschwankungen auftreten, die die Regel in graue Theorie verwandeln. Im übrigen können gerade bei schwer Depressiven Nichtigkeitsgefühle, Schuld- und Versündigungsideen von wahnhaftem Ausmaß so bedrängend sein, daß dem Kranken trotz Antriebslosigkeit kein Ausweg bleibt als der Tod. Der de-

Für die Suizidprophylaxe ist wichtig: Der phasisch depressive Patient »agiert« nicht mit Suizidalität, wie manche Patienten mit Neurosen und Persönlichkeitsstörungen das tun. Er ist suizidgefährdet, auch wenn sein Verhalten gelegentlich »pseudoneurotisch« erscheint. Es ist ein Ausdruck von Verzweiflung und Hilflosigkeit. Wichtig ist ferner, daß der phasisch Depressive über weite Strecken seiner Krankheit nur beschränkt bündnisfähig ist. Er kann nicht zuverlässig versprechen, daß er sich an den Arzt oder die Krankenschwester wendet, wenn seine Suizidimpulse ihn zu überwältigen drohen. Er bedarf des Schutzes, der Zusprache und Ermutigung, der ständigen Versicherung, die Depression werde vorübergehen.

pressive Wahn muß als Zeichen besonderer Gefährdung ge-
wertet werden.

Versuche konfliktorientierter Psychotherapie verbieten sich
während der Phase. Der Versuch der Klärung von familiären
und beruflichen Problemen hat zurückzustehen, bis eine Stabilisierung erreicht ist. Der Patient bedarf der verstärkten
Aufmerksamkeit der Mitarbeiter der Klinikstation. Bei eindeutiger akuter Suizidalität kann eine dauernde Überwachung notwendig werden. Aktivierende soziotherapeutische
Maßnahmen, Arbeits- und Beschäftigungstherapie sollten individuell überlegt eingesetzt werden, um die Erfahrung des
Versagens gegenüber einfachsten Aufgaben nicht noch zu be-
kräftigen und zu verstärken.

Psychotherapie soll sich auf Stützung und Ermutigung beschränken. Dies aber ist von größter Wichtigkeit.

Die Depressionsbehandlung verlangt Geduld von allen
Beteiligten.

Antidepressive Pharmakotherapie

Die antidepressive Pharmakotherapie hat zwei Ziele. Zum
einen versucht sie, mit Hilfe von antidepressiv wirksamen
Medikamenten in den Verlauf der Depression selber einzu-
greifen. Sie versucht, die depressive Verstimmung aufzuhel-
len und den verminderten Antrieb wiederherzustellen. Dies
dauert seine Zeit. Dafür muß man mit einer Anlaufzeit von
drei bis vier Wochen rechnen. Deshalb ist die zweite Säule der
medikamentösen Depressionsbehandlung für die Suizidprophylaxe von um so größerer Bedeutung. Sie zielt auf die Verminderung von Angst, innerer Unruhe und Verzweiflung. Sie
sediert den Kranken, beruhigt, »dämpft« ihn. Wenn im Zusammenhang mit psychiatrischer Pharmakotherapie von
Dämpfung die Rede ist, treten die Kritiker auf den Plan. Den
Kranken nur zu »dämpfen«, gilt weiterhin als illegitim. Der
englische Psychologieprofessor Stuart *Sutherland* (1981), der
selber an einer manisch-depressiven Erkrankung litt, meint

zu der Warnung seines Psychotherapeuten, Medikamente würden ihn sedieren: für ihn sei genau dies eine Frage von Leben oder Tod gewesen.

Angstlösung und Beruhigung versucht man entweder mit Hilfe von Antidepressiva herbeizuführen, die eine sedierende Begleitwirkung haben, wie Amitriptylin, oder mit Hilfe von Tranquilizern oder niederpotenten Neuroleptika. Die Entscheidung, wie vorzugehen ist, ist in jedem Einzelfall neu zu treffen. Von Übel sind die häufig gebrauchten festen Kombinationen von Antidepressiva und Tranquilizern oder von Antidepressiva und Neuroleptika. Sie machen eine angemessene individuelle Dosierung unmöglich. Bei schweren depressiven Wahnsyndromen ist im übrigen eine intensive Neuroleptikabehandlung wie beim schizophrenen Wahn unabdingbar.

Eine Lehrmeinung im Hinblick auf die antidepressive Behandlung ist mit Zurückhaltung zu betrachten. Die Behandlung mit sedierenden Antidepressiva vom Amitriptylintyp vermindere das Suizidrisiko; die Behandlung mit antriebsteigernden Antidepressiva vom Imipramintyp erhöhe es hingegen. Daran ist richtig, daß bei der medikamentösen Behandlung ängstlicher, unruhiger, agitierter, verzweifelter Patienten der Aspekt der Sedierung ausreichend berücksichtigt werden muß. Diese kann aber auf vielfältige Weise erreicht werden. Wenn sie geboten ist, kommt man oft ohne zusätzliche Verordnung von Tranquilizern oder Neuroleptika nicht aus, ganz gleich, für welches Antidepressivum man sich entschieden hat.

Die Lehrmeinung, bestimmte Antidepressiva verminderten die Suizidgefährdung des depressiven Kranken, wiegt einen leicht in falsche Sicherheit. Eigene Untersuchungsergebnisse zur Rolle der Medikamente beim Patientensuizid (1988) und solche von MODESTIN (1986) weisen auf einen anderen Gefährdungsfaktor hin: die unzulängliche Behandlung mit Antidepressiva, die Unterdosierung oder die Verdeckung depressiver Symptome durch die ausschließliche Behandlung der Depression mit Tranquilizern oder niederpotenten Neuroleptika.

Der Stand der Psychopharmakotherapie muß im übrigen auch bei Managemententscheidungen Berücksichtigung finden. Aktivierende Maßnahmen in Arbeits- und Beschäftigungstherapie gehören ebenso dazu wie die Gewährung von Ausgang und Beurlaubung. Die Medikamente heilen die Krankheit über eine lange Strecke nicht. Sie tragen zum Verschwinden mancher Symptome bei, unter denen der Patient sehr leidet. Manche andere verdecken sie. Wenn man den Kranken belastet, muß man deshalb sorgsam prüfen, ob sie nicht eine unverändert fortbestehende Gefährdung maskieren. Das gilt besonders im Hinblick auf die Gewährung von Urlaub nach Hause. Dort fällt die Schutzwirkung der Medikamente durch unregelmäßige Einnahme allzu leicht fort. Zudem neigen Angehörige gerade gegenüber depressiven Kranken zu der Auffassung, nun sei es aber genug. Wenn er sich nur ein wenig zusammenreiße, würde es schon gehen.

Besondere Probleme bei der ambulanten Behandlung

Damit sind die Belastungen, die der Depressive nach der Klinikentlassung zu erwarten hat, bereits vorgezeichnet. Im ambulanten Bereich gelten für die Behandlung ohnehin einige Erschwernisse. Der Therapeut muß sich auf die Bündnisfähigkeit des Suizidgefährdeten verlassen können. Dem Einsatz von sedierenden Medikamenten und Begleitmedikamenten sind Grenzen gesetzt, wenn der Kranke Pflichten in Familie und Beruf zu erfüllen hat. Eine ständige Beobachtung ist nicht möglich. Zudem bekommt der Kranke ein mögliches Suizidmittel in Form seiner Medikamente zu treuen Händen anvertraut. Daß man bei gefährdeten Kranken nur die kleinstmögliche Medikamentenmenge verordnen soll, ist ein wohlmeinender, dennoch wenig wirksamer Rat. Diese einem Angehörigen in Obhut zu geben, ist schon effizienter.

Alle diese Einschränkungen begrenzen die Möglichkeiten, Kranke mit schwereren Formen von Depressionen ambulant zu behandeln. Andererseits kommt der Arzt in eine Zwangslage, wenn der Patient die Krankenhausbehandlung verweigert. Bei depressiven Kranken scheint es schwerer zu fallen, eine Klinikeinweisung gegen den Willen des Betroffenen herbeizuführen als beim Schizophrenen. Die Entscheidung will sorgfältig überlegt sein. Manchmal ist sie zur Vermeidung eines Suizids unabdingbar.

3. Psychosen aus dem schizophrenen Formenkreis

Patienten mit Psychosen aus dem schizophrenen Formenkreis sind in absoluten Zahlen am häufigsten vom Kliniksuizid betroffen. Das gleiche Ausmaß an Gefährdung scheint für die Tage und Wochen unmittelbar nach der Krankenhausentlassung zu gelten. Die frühere Vorstellung, Schizophrene seien im akuten Stadium ihrer Erkrankung unter Einfluß von Wahnvorstellungen und sogenannten imperativen Stimmen besonders bedroht, trifft nicht zu. Immerhin gibt es solche Selbsttötungsbehandlungen unter dem Einfluß von Wahnvorstellungen. Zum Teil stellen sie sich subjektiv nicht als Suizide dar, etwa wenn der Kranke wähnt, er könne fliegen und beim Versuch abstürzt. Die Gefahr der Überwältigung durch Wahnerlebnisse bleibt einer der Gefährdungsfaktoren, die die sorgfältige Überwachung des akut kranken Schizophrenen notwendig machen.

Typischerweise nehmen sich schizophrene Kranke das Leben, wenn sie schon länger krank sind, wenn sie Besserung und Rückfälle erlebt haben, wenn sie sich im Krankheitsverlauf in einer Phase depressiver Verstimmtheit befinden. Sie nehmen wahr, daß die Krankheit ihr weiteres Leben bestimmen wird. Sie setzen sich mit den Folgen für ihr soziales Dasein auseinander. Das Ergebnis ist, gemessen an ihren früheren Vorstellungen vom Leben, nicht selten Hoffnungslosigkeit und Verzweiflung.

In zahllosen Berichten über Suizide schizophrener Kranker findet sich die Bemerkung, die Selbsttötung sei in dieser Phase der Erkrankung völlig unerwartet gekommen. Der Patient habe sich von seinem psychotischen Erleben distanziert. Eine allgemeine Besserung und Stabilisierung sei festzustellen gewesen. Gerade daß er in seinem Denken und Fühlen nicht mehr krankhaft verändert war, versetzt ihn in die Lage, sich mit seiner Krankheit und ihren Folgen auseinanderzusetzen. Die verbliebene Verletzlichkeit und die latente depressive Verstimmbarkeit in der Wiederherstellungsphase begrenzen seine Möglichkeiten, sich gegen aufkommende suizidale Anwandlungen zu behaupten.

Neuroleptika als »künstliches dickes Fell«

Die Therapie hat hier weniger konkrete Zugriffsmöglichkeiten als beim Depressiven. Die Medikamentenbehandlung führt fast immer zu einer Beruhigung der akuten Krankheitssymptomatik. Sie kann bei chronisch-rezidivierendem Verlauf auch zur Rückfallprophylaxe beitragen. Aber sie hat nur begrenzten Einfluß auf krankheitsbedingte Veränderungen der Persönlichkeit und des Wesens, auf Neigungen zum sozialen Rückzug, Verminderungen von Vitalität und Lebensfreude und die allgemeine soziale Verletzlichkeit, die nach längerer Krankheitsdauer fast immer besteht.

Die Therapie zielt auf Rückfallvermeidung. Dazu greift sie auf Medikamente und die Vermittlung sozialen Schonraums zurück. Sie zielt zum anderen auf Integration in Familie und Beruf. Dazu muß sie aktivieren, Ansprüche formulieren und auf deren Einhaltung drängen. Sie wird damit zu einem Balance-Akt zwischen medikamentöser Dämpfung und sozialer Stimulation. Dabei steht die Hoffnung im Hintergrund, daß die Medikamente dem Kranken ein »künstliches dickes Fell« vermitteln, wie die englische Soziologin Barbara Stevens (1973) das einmal formuliert hat.

Gerade beim schizophrenen Kranken scheinen die Suizidmotive denen »Gesunder« zu entsprechen. Sie sind nur verwundbarer als diese, sie haben durch ihre Krankheit einen geringeren Kompensationsspielraum. Und die zwischenmenschlichen und sozialen Katastrophen treffen sie infolge ihrer Erkrankung wieder und wieder in geballter Ladung.

Die Behandlung muß versuchen, der Situation der Kranken Rechnung zu tragen. Sie muß versuchen, ihnen bei der Lösung ihrer Probleme zu helfen. Den schizophrenen Kranken langzeitig zu behandeln, bedeutet immer wieder, ihn psychisch und sozial zu stützen. Zugleich muß die Therapie dem Betroffenen helfen, seine Lebensziele seinen Möglichkeiten anzupassen. Das kann ein dornenvoller Weg sein. Denn zu Beginn einer Psychose aus dem schizophrenen Formenkreis ist weder für den Therapeuten noch für den Patienten erkennbar, welchen Verlauf sie nehmen wird. Zu früh aufzustecken, kann unnötige Invalidität bedeuten. Zu spät die Grenzen zu erkennen, kann viel Leid und Mühsal heraufbeschwören.

Schleppende Wiederherstellung und Rehabilitation

Die Situation ist unproblematisch bei jenen Kranken, die eine Krankheitsepisode durchmachen, eine rasche Besserung erleben und dann auf Jahre oder immer aus dem Gesichtsfeld des Psychiaters verschwinden. Die Herausforderung der Schizophrenietherapie beginnt bei schleppender Wiederherstellung oder beim ersten Rückfall. Dann gilt es, sich auf einen langwierigen Krankheitsverlauf einzustellen. Es empfiehlt sich, sich dann auch Zeit zu nehmen, die Grenzen und die Möglichkeiten des Kranken zu erfahren und ihm selber eine Chance zu geben, zu lernen mit seiner Krankheit zu leben.

Es gibt Anhaltspunkte dafür, daß das Suizidrisiko besonders bei jüngeren Schizophrenen mit der Verbesserung unserer Behandlungsmöglichkeiten gestiegen ist. Wenn das zutrifft, müssen wir einen der Gründe dafür in der Ungeduld der Therapeuten, ihrer Angehörigen und der Betroffenen selber suchen. Vieles kommt auf den Zeitpunkt an: wann etwa der jugendliche Schizophrene das Elternhaus verläßt, wann man eine Partnerschaftskrise bearbeitet (nicht unmittelbar nach der Aufnahme, wenn die Wogen der Erregung noch hochgehen), wann man ein Rehabilitationsprogramm beginnt und mit welcher Intensität man es durchführt.

Die subjektiven Erfahrungen des Kranken und seiner Angehörigen sind anders als die der Therapeuten. Wenn sie meinen, »der Junge müsse von der Mutter weg«, mag dieser das in der akuten psychotischen Krise zwar auch so erleben. Aber in der Phase der Wiederherstellung sieht er das oft ganz anders. Die Therapeuten müssen lernen, die Enttäuschung über solche Zurückweisungen zu verschmerzen. Wenn sie meinen, der Kranke werde ohne systematische Rehabilitation draußen nicht wieder Fuß fassen, kann es aus dessen Sicht völlig anders sein. Eine Rehabilitation mit einem widerwilligen Patienten ist aussichtslos. Man muß ihn gehen lassen und seine Enttäuschung, die mit Suizidalität verbunden sein kann, auffangen, wenn er wiederkommt.

Andererseits ist zu bedenken, daß wir in ein Rehabilitationsprogramm mannigfache Möglichkeiten der Frustration und der Enttäuschung einbauen. Sie treten ein, wenn der Patient seinen und unseren Ansprüchen nicht genügt. Wenn wir das Ziel korrigieren müssen, wenn anstelle der Entlassung in die eigene Wohnung die beschützende Wohngruppe tritt, kann der Kranke das als schwere Zurückweisung erleben. Selbst objektiv geringe Abweichungen vom Plan, wie eine Verschiebung der Entlassung, können bei langwierigem Krankheitsverlauf das Faß zum Überlaufen und den Patienten zur suizidalen Dekompensation bringen.

Diese Schilderung zeigt, daß unsere therapeutischen Zugriffsmöglichkeiten manchmal gering sind. Wahrscheinlich leisten wir aber schon einen beträchtlichen Beitrag zur Suizidprophylaxe, wenn wir die Reaktionen der Patienten auf unsere Entscheidungen ernst nehmen. Aber es ist hilfreich, wenn wir sie gut kennen, wenn eine Konstanz in der Betreuung durch die gleichen Therapeuten besteht. Auch schizo-

phrene Patienten »agieren« nicht. Wenn sie pseudoneuroti-
sches Verhalten zeigen, ist es Ausdruck von Hilflosigkeit –
wenn man es so dramatisch formulieren will, der berühmte
Schrei nach Hilfe.

Pharmakotherapie und depressive Symptome

Im Zusammenhang mit der Einführung der Neuroleptikabehandlung bei schizophrenen Psychosen tauchte bald der
Begriff der »pharmakogenen Depression« auf. Dieses Konzept ist auch nach mehr als zwei Jahrzehnten umstritten. Fest
steht, daß während der Medikamentenbehandlung – wie
sonst auch jederzeit im Verlauf der Erkrankung – depressive
Verstimmungszustände auftreten können. Gelegentlich sind
sie Zeichen einer Überdosierung. Dann lassen sie sich leicht
korrigieren. Ansonsten können sie Begleitwirkung der Medikamentenbehandlung, Krankheitssymptom eigener Art oder
Reaktion auf die Krankheit sein. In jedem Fall erhöhen sie das
Suizidrisiko. Sie können Anlaß zu einer begleitenden antidepressiven Medikamentenbehandlung sein. Sie müssen stützende psychotherapeutische und soziotherapeutische Maßnahmen zur Folge haben.

Solche depressiven Verstimmungszustände sind erkennbar. Sie sind damit für den therapeutischen Zugang offen.
Problematischer ist eine Wirkung der Medikamentenbehandlung, die ich bereits im Zusammenhang mit den Depressionen
angesprochen habe: die Maskierung fortbestehender Krankheitssymptome, insbesondere die Maskierung der verminderten Belastbarkeit des Kranken. Äußerlich erscheint er
weitgehend kompensiert. In Wirklichkeit ist er aber kaum belastbar. Die Ruhe – die Dämpfung –, die die Medikamente
vermitteln, täuschen aber darüber hinweg. Auf diese Gefahr
hat bereits 1964 COHEN aus der Gruppe von FARBEROW und
SHNEIDMAN warnend hingewiesen.

Das ist bei Entscheidungen über Ausgang, Urlaub und
Entlassung von großer Bedeutung. Die Gefahr der Maskie-

rung ist nach eigenen Erfahrungen und Untersuchungs-
befunden besonders hoch, wenn die Kranken unter hohen
Medikamentendosen weitgehend stabilisiert erscheinen.
Unerwartete Belastungen in Verbindung mit unregelmäßiger
Medikamenteneinnahme führen dann gelegentlich zur Katastrophe. Meist ist es ein gewöhnlicher Rückfall. Aber bei
unseren Untersuchungen haben wir eine ganze Reihe von
Suiziden während des Urlaubs und nach der Entlassung unter
solchen Vorzeichen feststellen müssen.

Die Vorbereitung der Entlassung

Die Klinikentlassung bedarf beim schizophrenen Kranken
mit chronisch-rezidivierendem Verlauf besonders sorgsamer
Vorbereitung. Das Loch, in das er mit der Entlassung fällt,
scheint bei vielen besonders tief und schwarz zu sein. So sehr
manche sich gegen die Krankenhausbehandlung sperren, so
sehr vermissen sie anschließend dessen Rückhalt und Geborgenheit, wenn sie allein auf sich gestellt sind. Das Gefühl der
Isolierung bei gespannten emotionalen Beziehungen zu Angehörigen kommt wieder zum Tragen. Berufliche Anforderungen wollen bewältigt sein.

Die Möglichkeiten der entlassenden Kliniken, Vorsorge
zu leisten, sind begrenzt. Die Klärung, wie der Empfangsraum auf die Rückkehr des Entlassenen reagiert, gehört
ebenso dazu wie die Vermittlung eines nachsorgenden Therapeuten. Bewährt hat sich bei uns, daß der Patient bereits vor
der Entlassung Kontakt mit diesem aufnimmt, damit er weiß,
mit wem er es später zu tun hat. Die Schwellenangst wird
vermindert.

4. Neurosen und Persönlichkeitsstörungen

Die besondere Problematik der Suizidprophylaxe bei Kranken mit Neurosen und Persönlichkeitsstörungen wird im folgenden Kapitel schwerpunktmäßig behandelt. Ich kann mich

hier deshalb auf einige allgemeine Bemerkungen beschränken.

Patienten mit Neurosen und Persönlichkeitsstörungen kommen überwiegend zur Krisenintervention in die psychiatrische Klinik. Oft hat die krisenhafte Zuspitzung ihrer Probleme zum Suizidversuch geführt. Nicht selten sind aber auch familiäre Krisen und anders ausgelöste Zustände von Erregung Grund für die Aufnahme. Entsprechend besteht die stationäre Intervention zunächst im Versuch einer Situationsklärung und einer psychotherapeutischen Stützung. Mit der Entlassung ist nicht selten die Empfehlung einer systematischen ambulanten Psychotherapie verbunden. Ähnlich wie beim Abhängigen ist die Krankenhausaufnahme beim neurotischen Patienten oft mit einer Entlastung verbunden. Er hat die Möglichkeit zur Regression. Er ist aus dem Konfliktfeld herausgekommen. Das vermindert das Risiko während des stationären Aufenthaltes. Aber nach der Entlassung kann es wieder zur Zuspitzung kommen. Auf lange Sicht ist Hilfe nur über eine systematische Beratung oder Psychotherapie möglich.

Unklarheit mag bei der Behandlung schwerer depressiver Persönlichkeitsstörungen bestehen. Sie sind oft nicht eindeutig als neurotische Entwicklungen einzuordnen. Hier empfiehlt es sich, den Schweregrad und das Ausmaß der depressiven Verstimmung als Leitlinie der Behandlung heranzuziehen. Die schwere depressive Verstimmung ist unabhängig von ihrer Ursache einer Behandlung mit antidepressiven Medikamenten zugänglich, zu Anfang oft besser als einer Psychotherapie. In diesem Zusammenhang scheint der Begriff der »major depressive disorder«, wie er im Angelsächsischen gebräuchlich, hilfreich, der die Ursache der Störung offen läßt.

5. Alkohol-, Medikamenten- und Drogenabhängigkeit

Suchtstoffabhängige suizidieren sich während der Klinikbehandlung ungewöhnlich selten. Dies war eines der überra-
schenden Ergebnisse unserer Untersuchung. Es wird durch
die Literatur überwiegend bestätigt. Es hat auch seine Logik.
Die Suizidgefährdung des Abhängigen wird bedingt durch
die psychischen Begleitwirkungen der Sucht und die psychosozialen Probleme, die in ihrem Gefolge auftreten. Hoff-
nungs- und Ausweglosigkeit erlebt er, während er den Sucht-
stoff konsumiert. Mit der Einweisung in die Klinik wird er
nicht nur von der Droge ferngehalten. Er wird zeitweilig auch
aus seinen Lebensproblemen herausgenommen. Er erlebt in
der Klinik neben therapeutischen Anforderungen Schutz und
Geborgenheit, die Freiheit von Sorgen um die Sicherung des
täglichen Lebens. Der Klinikaufenthalt ist für ihn eine Art
»psychosoziales Moratorium« (ERIKSON 1961).

Zur Therapie und ihren Risiken ist in diesem Zusammenhang wenig zu sagen. Wichtig ist, daß die Entlassung und die
Nachsorge vorbereitet werden. Wichtig ist, daß der behan-
delte Abhängige nach der Entlassung weiß, wo er bleibt und
eine Perspektive für sich sieht. Dazu gehört heute fast selbstverständlich der Anschluß an eine Selbsthilfegruppe. Die
Vermittlung von Arbeit, die auch dazu gehört, wird heute
allerdings oft zum unüberwindlichen Problem. Suizidprophylaxe nach der Klinikentlassung ist beim Suchtstoffabhängigen gleichzusetzen mit Rückfallprophylaxe.

Anders liegen die Dinge, wenn der Suchtstoffmißbrauch
sekundär ist. Bei zahlreichen Kranken mit schizophrenen
Psychosen und manisch-depressiven Krankheiten besteht ein
sekundärer Alkoholmißbrauch und desgleichen bei Kranken
mit schweren Persönlichkeitsstörungen. Dann ist die Ent-
wöhnungsbehandlung nur ein erster Schritt. Dann bedarf die
Grundkrankheit der Behandlung. Dabei mag beim Abhängigen mit schweren Persönlichkeitsstörungen die Frage manchmal offen bleiben, welches die Grundkrankheit ist. Auf jeden

Fall besteht bei psychisch Kranken, deren Leiden durch einen sekundären Alkoholismus kompliziert ist, ein erhöhtes Suizidrisiko.

6. Psychische Krankheiten im höheren Lebensalter

Patienten jenseits des sechzigsten Lebensjahres kommen gelegentlich nach Suizidversuchen zur Aufnahme in die psychiatrische Klinik. Wir haben den Eindruck, daß die Häufigkeit steigt. Suizide von Patienten mit spezifischen Alterserkrankungen im Krankenhaus sind dagegen eher selten.

Wenn Kranke im siebten Lebensjahrzehnt sich in der Klinik oder während der Nachbehandlungsphase das Leben nehmen, sind es Patienten mit Depressionen, die durch typische psychosoziale Konflikte der Involution kompliziert werden: das Gefühl des Verlassenwerdens durch die Kinder, der Sinnlosigkeit des Lebens ohne Arbeit und Beschäftigung. Für sie gelten im Hinblick auf die Behandlung der Grundkrankheit die gleichen Leitlinien wie für die Behandlung des suizidgefährdeten Depressiven. Flankierende stützende psychotherapeutische und soziale Maßnahmen müssen hinzukommen. Die Anbindung an Clubs und Selbsthilfevereinigungen muß ebenso überdacht werden wie die Übersiedlung in ein Altenwohnheim. Die Schwellenangst, die damit verbunden ist, kann wiederum zum Risikofaktor werden.

Die häufigste psychische Krankheit des höheren Lebensalters ist die senile Demenz. Im fortgeschrittenen Stadium ist sie mit einem Verlust der Autonomie verbunden. Suizidhandlungen sind dann selten. Die beginnende Demenz dagegen ist mit erhöhtem Suizidrisiko verbunden. Außer mit Ratlosigkeit und Verzweiflung, über das was dem Kranken geschieht, ist sie mit einer erhöhten depressiven Verstimmbarkeit verbunden.

In den letzten Jahren beobachten wir bei älteren Menschen immer häufiger Suizidalität im Zusammenhang mit unspezifischen psychopathologischen Syndromen nach Tranquilizerentzug. Dieser tritt nicht selten verdeckt auf, wenn Patienten nach Klinikeinweisung nicht wissen, welche Medikamente sie vorher eingenommen haben, und wenn die Einweisungsunterlagen, wie so oft, unvollständig sind

7. Körperlich begründbare Psychosen und psychoorganische Syndrome

Auch körperlich begründbare Psychosen und psychoorganische Syndrome können mit einer erhöhten Suizidgefährdung verbunden sein. Besonderer Aufmerksamkeit bedürfen Kranke, die nach einem vorangegangenen Suizidversuch noch an einem psychoorganischen Syndrom erkrankt sind, etwa aufgrund einer Intoxikation durch Medikamente oder Kohlenmonoxyd – aber auch nach Elektrokrampfbehandlung. Bei ihnen maskiert die psychoorganische Symptomatik nicht selten die zugrunde liegende Grundkrankheit und die depressive Verzweiflung. Zugleich ist die Fähigkeit zur Steuerung des eigenen Verhaltens durch die fortbestehende hirnorganische Veränderung herabgesetzt. Bei ihnen ist neben der Behandlung der Vergiftungserscheinungen eine erhöhte Aufmerksamkeit am Platz.

8. Langzeitpatienten

Psychiatrische Langzeitpatienten stellen keine einheitliche Patientengruppe dar. Deshalb geht es bei ihnen auch nicht vorrangig um die Behandlung der Grundkrankheit. Im klassischen kustodialen Krankenhaus waren die Suizidraten im Vergleich zu heute eher niedrig. Nachdem unsere therapeuti-

71

schen und rehabilitativen Bemühungen inzwischen auch diesen Kranken gelten, müssen wir auch bei ihnen den möglichen Zusammenhang von Behandlung und Suizidgefährdung ins Auge fassen. Er ist bei dieser Gruppe möglicherweise sogar deutlicher als bei allen anderen Patientengruppen. Suizidalität von Langzeitpatienten wird provoziert, wenn sie durch Therapie und Rehabilitationsbemühungen überfordert werden. Jede Veränderung der kleinen Welt ihrer Station kann sie aus dem Gleichgewicht bringen. Behutsamkeit ist sowohl bei therapeutischen Ansätzen wie bei der Reorganisation von Langzeitbereichen am Platz.

Beispiel

Ein 62jähriger Patient hat wegen einer im Verlauf seiner schizophrenen Psychose begangenen schweren Straftat mehr als 15 Jahre in einem Psychiatrischen Sonderkrankenhaus verbracht. Als die Maßregel aufgehoben wird, erfolgt die Verlegung in ein Wohnheim für psychisch Behinderte. Schon nach wenigen Wochen kommt es zu einer erneuten psychotischen Episode. Der Patient wird auf einer Akutstation unseres Krankenhauses aufgenommen und schließlich, weil er sich gegen jeden Entlassungsversuch sperrt, auf eine wohnheimähnliche Langzeitstation verlegt. Dort lebt er unauffällig und zurückgezogen. Er arbeitet in einem der Krankenhausbetriebe und sucht gelegentlich die Caféteria im Sozialzentrum auf. Sonst verläßt er die Station nur selten. Nach Ansicht der Betreuer könnte er gut in einem Wohnheim oder in einer Wohngemeinschaft leben, aber er reagiert auf jeden Versuch, ihn zu einem Schritt voranzumotivieren, mit Ängstlichkeit und Verstörtheit. Nach 2½ Jahren wird im Zusammenhang mit einer körperlichen Erkrankung ein harmloser operativer Eingriff notwendig. Dazu muß er für zwei Tage in das Allgemeine Krankenhaus überwiesen werden. In der Nacht vor der geplanten Verlegung erdrosselt er sich in seinem Zimmer. Nach dem Suizid berichten Mitarbeiter, er sei in den Tagen davor immer aufgeregter geworden. Man habe einen Zusammenhang mit der Verlegung ins Allgemeine Krankenhaus und der geplanten Operation gesehen. Man habe dem als angemessene, wenn auch etwas übertriebene Reaktion keine weitergehende Aufmerksamkeit geschenkt.

9. Schlußbemerkung

Diese Hinweise zur Therapie der Grundkrankheit behandeln nur einen Teilaspekt der Suizidproblematik wahrend der psychiatrischen Behandlung. Andere Gesichtspunkte werden in den Kapiteln ›Krisenintervention und Psychotherapie‹, ›Medikamentenbehandlung‹, ›Soziotherapie und Rehabilitation‹, ›Gegenübertragungsreaktionen‹ und bei der Ausleuchtung der institutionellen Rahmenbedingungen wiederaufgenommen.

4 Krisenintervention und Psychotherapie

Manfred Wolfersdorf

Krisenintervention und Psychotherapie sind nicht identisch. Psychotherapie ist ein Oberbegriff mit großer Spannweite. Psychotherapie ist es beispielsweise auch, wenn man jemandem Gelegenheit gibt, sich auszusprechen und ihm dabei zuhört; wenn man ihm einen Rat gibt, wenn man ihm hilft, seine Situation zu klären; wenn man ihn anhält, seine Probleme systematisch zu reflektieren. Die Konfrontation mit verdrängten Problemen, die Interpretation unbewußter Inhalte gehören zur hohen Schule der Psychotherapie. Im psychiatrischen Alltag nehmen einfache Formen der Psychotherapie, auch stützende Verfahren, einen breiten Raum ein.

Krisenintervention ist der pragmatische Einsatz vielfältiger psychotherapeutischer Elemente, die der jeweiligen Krisensituation angepaßt sind. Die suizidale Krise ist ein Spezialfall vielfältiger möglicher »normaler« und »pathologischer« Krisensituationen, die in unterschiedlichem Ausmaß professionelle Hilfe erforderlich machen. Eine schematische Darstellung vermittelt eine gute Übersicht über die komplexen Zusammenhänge von Krisenintervention und Notfallpsychiatrie. Daß sie im Formalen verharrt, ist nicht zufällig. Es spiegelt vielmehr ein Dilemma, das HENSELER (1981) so umschreibt: »Alle reden von Krisenintervention, vom Wie aber nicht.« Er bleibt dabei nicht stehen, sondern beschreibt auf der Grundlage der Narzißmus-Theorie die

Ausgangslage für die psychotherapeutische Aufarbeitung der akuten Suizidalität:

»Die bewußte Konfliktsituation, die zur suizidalen Krise führt, stellt in der Regel nur einen Anlaß dar, an dem sich eine längst vorhandene, aber unbewußte Konfliktthematik neu entzündet. Diese Grundthematik, meistens eine narzißtische Art, gilt es zu erschließen, wenn die suizidale Krise verständlich werden soll. Krisenintervention hat die Aufgabe, mit dem Patienten dieses Verständnis zu erarbeiten und Folgerungen daraus zu ziehen.«

Dieses Modell der suizidalen Krise ist mit den gebotenen Einschränkungen auf den psychosekranken Patienten zu übertragen. Verletzlichkeit und Kränkbarkeit sind gerade bei Psychosekranken in hohem Maße gegeben. Auf diesem Hintergrund wollen wir im folgenden unter Berücksichtigung psychiatrisch-phänomenologischer und tiefenpsychologischer Ansätze einige Aspekte herausstellen, die sich für den psychotherapeutischen Umgang mit suizidgefährdeten Menschen als hilfreich erwiesen haben.

1. Einige formale Aspekte der Krisenintervention

Die Konfrontation mit Suizidalität bei einem Patienten kann in etwa vier unterschiedlichen Grundkonstellationen geschehen:

Zum ersten kann der Patient mit oder wegen Suizidgedanken vom nichtpsychiatrischen Kollegen zur fachärztlichen Untersuchung und Behandlung überwiesen werden oder den Facharzt von sich aus aufsuchen.

Das Auftreten von Suizidgedanken und noch mehr von -ankündigungen bzw. -äußerungen gegenüber Dritten beinhaltet stets eine erhöhte Gefahr nachfolgender suizidaler Handlungen. Gegenüber Ärzten und Familienangehörigen muß immer wieder betont werden, daß die Übertragung des Satzes »Hunde die bellen, beißen nicht« hinsichtlich Suizidankündigungen einen schweren Fehler bedeutet.

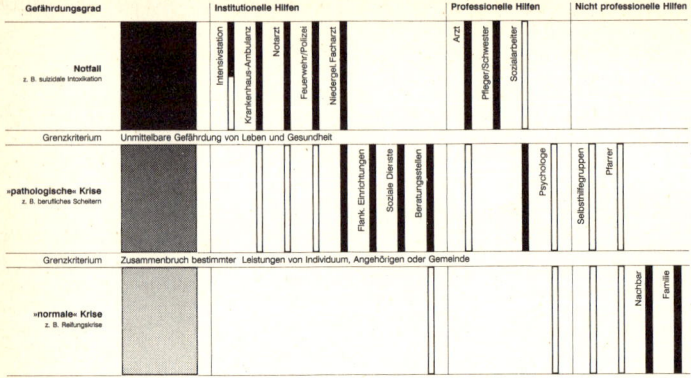

Abb. 1: Adäquate Versorgung von Notfällen und Krisen durch institutionelle, professionelle und nicht-professionelle Hilfen. Notwendige Zuordnung: ■, Mögliche Zuordnung: □

Die *zweite Situation*, in der Suizidalität einer Abklärung und Intervention bedarf, ist die *Feststellung einer psychiatrischen Erkrankung*.

Die Angaben über den Anteil psychisch Kranker an Suizidhandlungen schwanken; die Diagnose »Depression« wird von verschiedenen Autoren bei den Suiziden zwischen 13 und 70% angegeben; bei den Suizidversuchen dominieren nach RINGEL (1969) Neurosen und neurotische Reaktionen mit 30%, gefolgt von endogenen Depressionen mit 15% und Psychopathie mit 11%. Der Anteil endogener Psychosen umfaßte insgesamt 19%, davon 4% schizophren Erkrankte. BÖHME (1983) fand nur 5,7% psychotische (schizophren und manisch-depressiv erkrankte) Patienten bei 3364 nach Suizidversuch stationär psychiatrisch behandelten Patienten. Diese herauszufinden und einer psychiatrischen Behandlung im engeren Sinne zuzuführen, sei nach BÖHME konsiliarärztliche Aufgabe. Der Anteil von Psychosen an Suiziden wird mit 2–40% angegeben, bei der Schizophrenie 1,5–10%, bei Depressionen (affektive Psychosen) 2,8–17%.

76

Als *dritte Möglichkeit* sehen wir das *Auftreten suizidaler Impulse während einer fortlaufenden Psychotherapie.*

Psychotherapie wird immer mit Veränderung, Reifung und Wachstum zu tun haben und impliziert so eine Auseinandersetzung mit der eigenen Biographie und der gegenwärtigen Lebenssituation, welche Schuldgefühle, Aggression und Selbstwertprobleme beinhalten und aktivieren kann.

Die *vierte Situation,* in welcher der Psychiater mit Suizidalität konfrontiert wird, ergibt sich aus der *Behandlung von Patienten nach einem Suizidversuch.*

Bei den bekannten Risikogruppen sind es gerade Menschen mit Suizidversuchen in der Vorgeschichte, deren erhöhte Suizidgefährdung für ihr weiteres Leben am besten bekannt ist. Bei Langzeitkatamnesen liegt die Zahl der durch Suizid Verstorbenen um 10 %. Hier hat der Psychiater neben der Diagnostik affektiver und schizophrener Psychosen und der Abschätzung der aktuellen Suizidgefährdung eine wesentliche Aufgabe für die weitere Prophylaxe. Leider verfügen wir bis heute über nur wenige Vorstellungen, welche Maßnahmen und Interventionsstrategien tatsächlich einen weiteren prophylaktischen Wert besitzen. SONNECK hat 1982 in diesem Zusammenhang das problematische Spannungsfeld betont, das durch die psychiatrische Etikettierung eines suizidgefährdeten Menschen entstehen kann, und auf die Gefahr hingewiesen, ärztlicherseits psychosoziale Zusammenhänge zu übersehen bzw. hier inkompetent zu sein. Es bestehe weiterhin die Gefahr, den Tod durch Suizid als »natürliche Folge« der psychischen Krankheit zu sehen, den Kranken als nicht mehr »vollwertiges Mitglied« abzuschreiben bzw. sozial zu isolieren.

Als *Gemeinsamkeit der beschriebenen Situationen* gilt, daß *suizidales Verhalten Ausdruck oder Anzeichen einer psychosozialen Krise* ist. Der Begriff der »Krise« wird zur Beschreibung herangezogen, wobei die Suizidhandlung, der Krise nachfolgend, eine der möglichen Lösungsstrategien sein kann.

Als Krisen sind dabei Ereignisse und Erlebnisse aufzufassen, die von dem Betroffenen nicht mehr sinnvoll verarbeitet und bewältigt werden können, damit die Gefahr einer pathologischen Entwicklung in sich bergen. Krise bedeutet so Auslöser für psychische und physische Krankheiten, Gefahr der selbstschädigenden und selbstvernichtenden Problemlösungsstrategien und birgt zusätzlich die Gefahr der Chronifizierung.

Suizidales Verhalten als akutes und komplexes psychosoziales Geschehen erfordert in der aktuellen Situation ein Vorgehen – »Krisenintervention« –, welches sich von mittel- oder langfristiger psychoanalytisch-tiefenpsychologischer Therapie deutlich unterscheidet. Inhalte der Krisentherapie, strukturelle, behandlungstechnische und Verlaufsmerkmale sind in den Tabellen 1, 2 und 3 dargestellt.

Krisenintervention zeichnet sich nach KURZ und MÖLLER (1984) u. a. durch Gesprächsführung,im Sitzen mit Blickkontakt aus, wobei wenige Sitzungen stattfinden, Ziele sind die Symptomreduktion, die Stabilisierung der Persönlichkeit und die Lösung der aktuellen Krise. Informationen hinsichtlich der triebpsychologischen und Ich-psychologischen Entwicklung des Patienten sind dabei nur wenig vonnöten. Die Beziehung Therapeut / Patient soll eng und empathisch sein, das Therapeutenverhalten zeichnet sich durch starke Aktivität aus, Deutungen bzw. Interpretationen sollen keine bis nur sehr vorsichtige stattfinden, im Vordergrund steht die aktive Stützung des Patienten. Nächste Bezugspersonen werden einbezogen, instrumentelle Hilfe bedarfsgemäß. Letzteres bedeutet die Inanspruchnahme anderer Berufsgruppen (Sozialarbeiter, Seelsorger etc.), aber auch die Kombination Psychotherapie / Psychopharmakotherapie. Abgesehen von der starken Aktivität des Therapeuten entspricht das psychotherapeutische Vorgehen der Definition von Tiefenpsychologie nach HEIGL-EVERS und HEIGL (1982) sowie den von HEIM (1981) beschriebenen Bedingungen für hilfreiche Beziehungen.

Ziele des Erstkontaktes mit einem Suizidgefährdeten sollen sein:

1. Herstellung einer *positiven Vertrauensbeziehung* zwischen Therapeut und Patient mit direktem und offenem Ansprechen der suizidalen Krise.
2. *Einschätzung der akuten Suizidgefährdung* auf der Basis der Kenntnis des präsuizidalen Syndroms, der Kenntnis der Entwicklung suizidalen Verhaltens der Risikogruppen sowie Risikolisten (z. B. PÖLDINGER 1982). Daraus leiten sich weitere Konsequenzen ab, z. B. Durchführung einer akuten Krisenintervention, Beginn einer Kurzpsychotherapie, einer längerfristigen Psychotherapie und / oder auch Einweisung in eine psychiatrische Klinik.
3. *Verhütung bzw. Überflüssigmachen einer suizidalen Handlung bzw. weiterer* nach stattgefundenem Suizidversuch bei gleichzeitigem Offenhalten der Krise bzw. des Krisenbewußtseins (d. h. der Patient soll morgen in die Sprechstunde wiederkommen, keinen Suizidversuch bis dahin unternommen haben und trotz aktiv stützender Therapie ein Problembewußtsein behalten haben).
4. *Medizinisch-psychiatrische Klärung von Symptomatik und Diagnose*, was möglicherweise notwendige somatische Behandlung bzw. Abklärung einbezieht.

2. Empfehlungen / Regeln für das psychotherapeutische Gespräch mit suizidalen Menschen

Einheitlich wird in der Literatur die Bedeutung der Beziehung und der Bindung an den Therapeuten für die Behandlung suizidaler Menschen betont. Dies bedeutet im Sinne von RINGEL eine Aufbrechung der Einengung, in der sich der suizidale Mensch gefangen sieht. Einengung ist ja auch der erste Baustein des »präsuizidalen Syndroms«. Dies erfordert von seiten des Therapeuten ein aktiveres Vorgehen als sonst in einer Psychotherapie allgemein üblich. Nach HENSELER (1978) muß beachtet werden, daß Suizidalität aus einer narzißtischen Kränkung resultiert. In dieser Kränkungssituation sehe sich der Patient gerne nach einer neuen Bezugsperson um, als welche sich der Therapeut anbietet. Es entstehe also nahezu regelhaft eine narzißtische Übertragung, d. h. der Therapeut solle nunmehr die Lücke im Selbstwerterleben des Patienten füllen, für die zuvor der Partner stand. Diese Übertragung gelte es anzunehmen, um sie dann, und dies wird von HENSELER betont, mit dem Patienten durchzuarbeiten.

Im folgenden haben wir eine Reihe von Regeln für die akute psychotherapeutische Krisenintervention zusammengestellt, die nach eigener Erfahrung und Durchsicht der Literatur wichtig erscheinen:

Tab. 1   Inhalt der Krisentherapie (nach CULLBERG 1978)

---

1. Die Selbstheilungstendenzen des Klienten unterstützen – nicht heilen.
2. Ermutigen, Gefühle von Trauer, Schmerz, Schuld und Aggressivität zu zeigen.
3. Die Funktion als »stellvertretende Hoffnung« übernehmen.
4. Stützen in der Konfrontation mit der Realität, Verleugnungstendenzen und Realitätsverzerrungen entgegenwirken.
5. Die Hilfskräfte der Familie und eventuelle andere zu mobilisieren versuchen.
6. Die Regression im Dienste des Ichs unterstützen (Pharmaka, kurze Krankschreibung etc.).
7. Schädlicher Regression – Alkohol, Tabletten, Krankenhauseinweisung, soziale Isolation, Bitterkeit – entgegenwirken.

---

1. Allen verschiedenen Psychotherapieformen einschließlich Krisenintervention ist gleich, daß sie *an das Gespräch gebunden* sind. Klassische Methoden müssen dabei variiert werden, so z. B. bezüglich der Dauer und der Häufigkeit der Gespräche; die Begrenzung auf 5–10 Sitzungen genügt meist zur Behandlung einer akuten suizidalen Krise. Derartige dauern meist nicht monatelang. Im Zentrum steht *die Bearbeitung des speziellen Suizidkonflik-*

tes; die Herstellung einer tieferen Übertragungsbezie-
hung und die psychogenetische Bearbeitung gestörter
frühkindlicher Entwicklungen ist seltener notwendig
und muß sorgfältig geprüft werden.

Tab. 2   Strukturelle und behandlungstechnische Merkmale
(nach KURZ und MÖLLER 1983, modifiziert)

	Krisen-intervention	Kurzpsycho-therapie	Psychoanalyse
Setting Frequenz Dauer	im Sitzen Blickkontakt bedarfsmäßig 1–6 Sitzungen	festgelegt – 20 Sitzungen	meist im Liegen Anzahl der Sitzungen unbestimmt
Ziele	Symptom-reduktion Lösung der akuten Krise	Stabilisierung der Persönlichkeit	Wandlung der Per-sönlichkeit
Fokus	gegenwärtiges Hauptproblem	klar definiert	psychogenetische Vergangenheit variabel
Information	minimal	begrenzt	maximal
Bezugs-personen	obligatorisch	fakultativ	nein (mit Ausnahmen)
instrum. Hilfe / Med.	bedarfsgemäß	nein (mit Ausnahmen)	
Beziehung Stützung Aktivität Deutung	emphatisch-akzeptierend (positiv, eng) maximal hoch, nachgehend keine bzw. sehr vorsichtig	positiv begrenzt begrenzt begrenzt	distanzierter (variabel) gering gering maximal

2. Gespräche mit Suizidalen erfordern einen *räumlichen, zeitlichen und situativen Rahmen;* der Therapeut muß frei von äußerem und innerem Zeitdruck sein.

Tab. 3   Verlaufsmerkmale (nach KURZ und MÖLLER 1983)

	Sicherung	Klärung	Lösung
Ziel	Beziehung Information Stützung	Problemanalyse Reflexion	Initiative Perspektive Ablösung
Fokus	sehr eng	eng	erweitert
Aktivität	hoch	hoch	abnehmend
Deutung	nein	vorsichtig	zunehmend

3. *Voraussetzung ist die Bereitschaft des Therapeuten, sich auf suizidale Menschen einzulassen,* zumal die Verant-wortung in der akuten Krisensituation nicht teilbar ist. Wichtig ist die Bereitschaft, als Übertragungsfigur mit dem Ziel einer positiven Übertragung zu dienen, wobei die Wahrnehmung eigener Unsicherheiten, Ängste vor Ohnmacht, Versagen, Vorwurf und Schuld, eigener Sui-zidalität auf seiten des Therapeuten reflektiert werden muß. Sicherheit im Umgang mit suizidalen Patienten ent-steht nur aus der Reflexion der eigenen Ängste; Ziel ist nicht Angstlosigkeit, sondern Erkenntnis der eigenen Ängste und Reflexion dieser in der aktuellen Therapeut-Patienten-Beziehung.

4. *Offenes, unbefangenes Ansprechen des Patienten auf vor-handene Suizidgedanken,* wobei die Verbalisierung als Entlastungsakt für den Patienten dient, gleichzeitig für den Therapeuten auch die Situation geklärt wird. Fühlt sich der Therapeut unsicher und ängstlich, so ist auch dies anzusprechen, da es Ausdruck der Interaktion Patient/ Therapeut sein kann.

5. Wohlwollendes, verständnisvolles und vorbehaltloses *Akzeptieren des Patienten*, wobei empathische Wertschätzung ohne Vorwurf, Kritik und Druck erkennbar sein soll. Dabei *mehr Zuhören als Abfragen*, bei Informationslücken jedoch direkt und offen nachfragen. Die subjektive Verfassung desjenigen, der über seine Suizidalität berichtet, vorbehaltlos zu verstehen versuchen, dabei die Bedeutung, die subjektive Absicht herausarbeiten, den Gesprächspartner so zu verstehen versuchen, wie er sich selbst erscheint. Sein in seiner augenblicklichen Situation unlösbar erscheinendes Problem akzeptieren und zu verstehen versuchen, damit er die erlebte subjektive Ausweglosigkeit nicht zu verteidigen braucht. Dies führt zur Stützung des Selbstwertgefühls, zu Schuldgefühlminderung und dem Gefühl, nicht völlig vereinsamt zu sein.

6. Aufgabe des Therapeuten ist es, *Übersetzungsarbeit zu leisten* hinsichtlich des eigentlichen Wunsches, der subjektiven Absicht hinter dem suizidalen Verhalten wenn »die Phantasie des Todes nur eine Verkleidung ist« und zu fragen, was hindert, dieses »eigentliche« direkt auszudrücken (z. B. SPERLING 1972).

7. Besprechen der Suizidgedanken hinsichtlich ihrer Intensität (gering, nachhaltig, bedrängend) und Art (dauernd, zeitweise, plötzlich auftretend) im Sinne einer Distanzierungs- und Umgangshilfe mit sich selbst. Hier auch klären, wieweit der Patient eigenverantwortlich hinsichtlich des Umganges mit seiner Suizidalität handeln kann.

8. Der Therapeut soll auf die geäußerten und nicht geäußerten *Gefühle* von Resignation, Enttäuschung, aber auch Ärger, Wut, Agression und Gekränktheit beim Patienten achten, diese vorsichtig verbalisieren bzw. dem Patienten beim Verbalisieren helfen.

9. Wichtig ist es, *nicht frustrierend* vorzugehen, sondern unauffällig, aber klar jene Selbstbestätigung zu vermitteln, die dem Patienten in der früheren Jugend und im späteren Leben abgegangen ist.

10. *Einbringen der eigenen Person des Therapeuten im Sinne der Darstellung von Solidarität* (empathisches Verstehen des Patienten aus eigenen suizidalen Anteilen heraus) und *Darstellung der eigenen antisuizidalen Potenz im Sinne der stellvertretenden Hoffnung.* Hier wird wieder die Person des Therapeuten hinsichtlich ihrer Bereitschaft als Übertragungsfigur, als Ansprechpartner gefordert, hier abzielend auf die Bewältigung eigener suizidaler Tendenzen und auf die Wahrnehmung und die Fähigkeit zum Umgang mit eigenen Ängsten und Unsicherheiten.

11. *Gemeinsame Herausarbeitung* der hinter dem Suizidversuch bzw. *hinter der Suizidalität stehenden Motivstruktur* hinsichtlich ihres appellativen Anteils, des Wunsches nach Ruhe und Pause, der fremd- und autoaggressiven Bestandteile. Hierbei muß der Therapeut akzeptieren, daß die Selbsttötung ein möglicher Lösungsweg in der Patientensituation ist, denn erst durch diese Wertschätzung seiner Gedanken, auch der suizidalen, erhält der Suizidale die Chance einer Abkehr von den bisherigen Lösungsversuchen. Er muß nicht verteidigen, fühlt sich nicht angegriffen, eher verstanden (BERTRAM 1979).

12. *Besprechung und Klärung vorgegebener Lebensstrukturen* z. B. Wohnsituation (alleine oder mit Partner, Angehörigen, Freunden), Arbeitssituation (fester Arbeitsplatz, Arbeitslosigkeit), finanzielle Situation, dabei Besprechung der möglichen Hilfen in konkreten psychosozialen Krisensituationen. Hier auch *Besprechung der allernächsten Zeitstrecke* mit ganz konkreter Planung und Terminabsprachen, unter Einbeziehung persönlicher Bezugspersonen im Sinne der Vorgabe einer Struktur für die nächste Zeit und der Einbindung in ein festes Kontaktnetz sowie der Schaffung von Begleitpartnern durch die suizidale Krise.

13. *Besprechen was bindend, also lebensbejahende Strukturen, Verpflichtungen und nächste Bezugspersonen* sowie Absprachen, bei angstmachender und nicht bewältigbar

erscheinender Suizidalität auf diese nächsten Bezugspersonen zuzugehen. Evtl. Absprachen, sich vorerst nicht
zu suizidieren, sondern *die Chance einer möglichen Änderung zumindest in Anspruch zu nehmen*, wobei auch
geklärt werden muß, ob der Patient solche Absprachen
einhalten kann. Bei weiterbestehender Suizidalität zum
einen die Unsicherheit und Offenheit der Situation,
auch die Sorge und Befürchtung von seiten des Therapeuten ansprechen, aber auch konkret die weiteren
Maßnahmen wie die Weiterleitung, Einweisung und nö-
tigenfalls auch Unterbringung gegen den Willen des Patienten in einer psychiatrischen Klinik besprechen.

14. *Absprachen,* vorerst *die Chance einer therapeutischen
Veränderung der Lebenssituation zu nützen* und sich
nicht zu suizidieren, sollen keine absoluten Bedingungen sein, da die Gefahr der massiven gegenseitigen Abhängigkeit, der erneuten Schuldgefühle auf seiten des
Patienten und des Agierens von seiten des Patienten insbesondere bei chronischer Suizidalität besteht. Aber, um
dies noch einmal zu sagen, *Verzicht auf absolute Bedingungen heißt nicht Verzicht auf Absprachen.* Dabei deutlich machen, daß *die Behandlung bei einem Suizidversuch* oder bei erneuter Suizidalität *nicht abgebrochen
wird,* jedoch unter Umständen eine erneute Überlegung
hinsichtlich der weiteren Strategie erfordert (z. B.
POHLMEIER 1974).

15. Sobald wie möglich *den aktuellen Konfliktpartner,* den
signifikanten anderen, auf den sich die suizidale Handlung richtet, für den sie Bedeutung hat, *miteinbeziehen.*
Dabei auch offen mit den Partnern, Angehörigen etc.
dann zusammen mit dem Patienten, über die bestehende
Suizidalität und Krisensituation sprechen.

16. Die Hinzunahme einer medikamentösen Unterstützung
bzw. die *Kombination mit Psychopharmakotherapie* bewußt in die Überlegungen einbeziehen, mit dem Partner
besprechen, Einnahmemodus und Bedeutung der Medi-

kation klären. Psychotherapie und Psychopharmakotherapie schließen sich heute nicht mehr aus.

17. Enge Termine setzen, den *Abschluß* der Krisenintervention von Anfang an *miteinbeziehen oder den Übergang in
eine mittel- oder langfristige Psychotherapie,* sobald die
Notwendigkeit erkennbar wird, besprechen, Zukunfts-
perspektiven phantasieren lassen und dann konkret besprechen, hier auf Verwirklichung aktiv drängen.

18. Bleibt ein Patient im Rahmen einer Krisenintervention
von einem Termin fern, dann *aktiv nachgehen und nach-
forschen* was los ist (anrufen, jemanden vorbeischicken,
evtl. Polizei nachsehen lassen).

Eine wesentliche Voraussetzung für eine erfolgreiche Krisenintervention ist die *Bereitschaft des Therapeuten,* sich mit
suizidalen Patienten überhaupt einzulassen, da der Patient
Ängste beim Therapeuten auslöst, z. B. die Angst vor Ohnmacht, vor Überforderung, vor dem Tod, der angesprochen
wird, auch die Angst vor dem Verlust der eigenen Identität als
auf Lebenserhaltung ausgerichteter Therapeut. Voraussetzung für eine psychotherapeutische Krisenintervention sind
Kenntnis und Bearbeitung dieser Ängste und nicht Angstfrei-
heit.

Hinsichtlich der Strategie, sich ein Versprechen in die
Hand geben zu lassen, sich nicht zu suizidieren und des Ver-
zichtes auf Bedingungen für die therapeutische Beziehung,
bestehen in der Literatur unterschiedliche Auffassungen.

Für die akute Kriseninterventionssituation halten wir das
Treffen von Absprachen, das Terminieren und die Vorgabe
von Strukturen für notwendig; dieses Versprechen soll unauf-
dringlich und nicht fordernd abgenommen werden, da dann
Druck entstehen kann, erneute Störanfälligkeit der Beziehung, die Gefahr der Überverpflichtung auf beiden Seiten,
das Vertrauensverhältnis kann sich in ein Abhängigkeitsver-
hältnis umwandeln und evtl. agierend ausgenützt werden.

Anders ist dies in der eher *»partnerschaftlichen Übertra-
gungsbeziehung«,* die sich in der Psychoanalyse bei der Bear-

beitung von Aggressionskonflikten und narzißtischen Krisen bewährt hat; hierbei werden keine Bedingungen gestellt, obwohl der Therapeut natürlich als Wunsch formulieren kann, sich nicht zu suizidieren. Ziel ist es, die Fähigkeiten des Ichs zu stärken, mit narzißtischen Kränkungen besser fertig zu werden; Grundlage des Gespräches ist der Versuch, verstehen zu lernen, wie es innerlich und äußerlich zur suizidalen Handlung gekommen ist.

Die frühere Betonung, daß jeder Suizidgefährdete in psychiatrische und am besten in klinisch-psychiatrische Behandlung gehöre, geschah sicher auch unter dem Aspekt, daß in der ärztlichen Praxis oftmals wenig Kenntnis, wenig Zeit und wenig Kompetenz hinsichtlich der akuten psychotherapeutischen Krisenintervention besteht. Sicher ist der Psychiater und Nervenarzt von seiner Ausbildung her überall da, wo er auf sich allein gestellt ist, am besten noch in der Lage, mit dem Problem der Suizidalität umzugehen, sollte sich jedoch klarmachen, daß er allein dieses auch beim einzelnen Patienten von vielen Faktoren bedingte Problem nicht bewältigen kann. Überall dort, wo es möglich ist, sollte er gerade bei suizidalen Patienten Verbindung zu psychologischen Beratungsstellen, Sozialarbeitern und auch Seelsorgern suchen. In größeren Kliniken sind deshalb Kriseninterventionsteams unter Einbeziehung von Theologen, Sozialarbeitern, Psychologen geschaffen worden. Daß es hier eine Reihe von Entwicklungen hinsichtlich interdisziplinärer Krisenintervention gibt, zeigt z. B. ein Symposium zur Problematik des Suizidpatienten im Allgemeinkrankenhaus, bei welchem unter der Moderation von H. Wedler (1985) u. a. hier uns wichtig erscheinende Kriterien für eine stationäre Einweisung erarbeitet und Ziele des Suizidenten in der akuten Krisenintervention definiert wurden:

Kriterien für eine stationäre Einweisung

1. Aktuelle somatische Situation, z. B. wenn der Suizidversuch bereits geschehen ist.
2. Auf einer psychiatrisch-diagnostischen Ebene: akut erkrankte psychotische Patienten (schizophren Kranke, schwer Depressive, endogen-psychotische Depressive); unter symptomatischen Aspekten akute schwere Depressivität, die im Gespräch nicht aufhellbar ist, floride psychotische Symptomatik, paranoide Ideen, die mit Angst, Panik, Gefühlen des Bedrohtseins, Wunsch nach Flucht einhergehen, wahnhafte Schuld-, Versündigungsinhalte, Selbstvorwürfe, starke Agitiertheit und panikartige Angstzustände, undurchschaubare und uneinfühlbare Situationen etc.
3. Unter dem Beziehungsaspekt: Kann ein Kontakt, der tragend erscheint und der das Gefühl von Sicherheit (die nie hundertprozentig sein kann) bewirkt, hergestellt werden und kann die Suizidalität vom Patienten und vom Therapeuten einfühlend verstanden werden? Wenn nicht, spricht dies für eine stationäre Einweisung.
4. Unter Verlaufsaspekten: Akute Verschlechterung der Symptomatik, krisenhafte Zuspitzung der Lebenssituation, akute Verschlechterung von Beziehungen mit zunehmender Angst, Unsicherheit; eigene Angst des Patienten vor der Suizidalität im Laufe der Therapie, aber auch zunehmendes Gefühl der Verschlechterung, der Angst und Unsicherheit auf therapeutischer Seite, wenn dies nicht geklärt werden kann.
5. Zwanghaft sich aufdrängende Suizidgedanken, bei denen keine Ablenkung mehr möglich ist, die mit Vorstellungen von sehr harten Suizidmethoden einhergehen.
6. Frühere Suizidversuche bzw. weiterhin bestehende chronische offensichtliche Suizidalität.
7. Desolate soziale Situation, Isolierung und Vereinsamung, fehlende Einbindung in familiäre oder andere soziale

Strukturen, z. B. kein Wohnsitz, keine Familienangehörigen, keine Arbeit.
8. Hohes Alter und Altersdepression, Vereinsamung und
Einsamkeitsgefühle bei sozialer Isolation.
9. Ausdrücklicher Wunsch des Patienten, insbesondere wenn
er selbst Angst vor seiner Suizidalität, die ihm nicht mehr
beherrschbar erscheint, entwickelt.

**Welche Ziele muß der Suizident
in der akuten Krisenintervention bis
zur Beendigung der Krisensituation erreicht haben?**

1. Verständnis für den Charakter der Krise entwickelt haben.
2. Die suizidale Einengung muß vorbei sein, neben der suizidalen Handlung muß eine andere Problemlösungsstrategie
zumindest denkbar sein.
3. Muß die Erfahrung gemacht haben, daß Krisen bewältigbar und überlebbar sind und daß man dazu Hilfe in Anspruch nehmen kann.
4. Er muß Strategien für zukünftige Krisen zur Verfügung
haben, d. h. die Zukunft schrittweise planen können.
5. Die Beziehungen zu den signifikanten anderen bzw. nächsten Bezugspersonen müssen geklärt bzw. wieder aufgenommen oder abgeschlossen sein, die Beziehung zum
Therapeuten muß funktionieren.
6. Er muß Gefühle empfinden können wie z. B. Trauer, Ärger, Wut, Abschiednehmen-Können etc.
7. Der psychodynamische Fokus und die psychiatrisch-
psychosoziale Diagnose müssen geklärt sein (sofern eine
psychiatrische Diagnose notwendig erscheint).
8. Eine Besserung der akuten Symptomatik muß eingetreten
sein bzw. der Patient muß mit dieser Symptomatik leben
können.
9. Die akute Krisenintervention muß abgeschlossen sein
bzw. eine weitere psychiatrisch-psychotherapeutische Betreuung abgeklärt und gesichert sein, der Patient muß mo-

89

tiviert zur weiteren Behandlung bzw. zur Vermittlung in eine weitere Betreuung sein.

Zusammenfassend sind klinische Erfahrung und Literatur hinsichtlich der Gestaltung der akuten Krisenintervention weitgehend übereinstimmend; neben der Beurteilung der akuten Suizidalität und der diagnostischen Abklärung werden für den Kontakt empathisch-akzeptierendes Annehmen des Suizidenten einschließlich seiner Suizidalität und aktives Handeln von seiten des Therapeuten hinsichtlich des Überstehens und Begleitens durch die Krisensituation gefordert.

P. FEDERN sprach 1929 im Zusammenhang mit dem Thema Selbstmordprophylaxe während der Analyse davon, man dürfe einen Selbstmordgefährdeten nur behandeln, wenn man ihn am Leben zu erhalten wünsche. Er schreibt weiter:

»Kaum jemals bringt jemand sich um, solange eine Person, die für den Gefährdeten maßgebend ist, mit der sich sein Über-Ich identifiziert, oder die sein Über-Ich gebildet hat, oder eine Person, die er liebt, ihn, so wie er ist, am Leben erhalten haben will, und das unter allen Bedingungen. Und das ist die wichtigste libidinöse Selbstmordprophylaxe.«

Von den Problemen und Konflikten in der Krisenintervention mit Suizidalen sei auf folgende nur kurz verwiesen; diese können sich aus der Arzt-Patient-Beziehung selbst sowie aus dem umgebenden Milieu ergeben. Verwiesen sei hier auf die Gefahr eines agierenden und manipulativen Verhaltens des Patienten, welches z. B. bei der Behandlung von Suchtkranken sich ergeben kann, sodann auf die Problematik im Umgang mit offensichtlich gefährdeten Patienten, die eine Behandlung abweisen oder nicht für notwendig erachten. Überfürsorgliches Verhalten der Angehörigen, die Delegation der gesamten Verantwortung für den Patienten an den Psychiater, wie dies z. B. bei Konsiliartätigkeit auf internistischen oder chirurgischen Stationen auftreten kann, und / oder auch die Überforderung des Psychiaters / Psychotherapeuten

durch die Komplexität des psychosozialen Geschehens Suizidalität sind nur einige weitere Probleme.

3. Tiefenpsychologisch-psychoanalytische Theorien sowie einige therapeutische Anmerkungen

Bei den tiefenpsychologisch-psychoanalytischen Theorien
stand die von ABRAHAM und FREUD entwickelte Modellvor-
stellung der Psychodynamik der suizidalen Handlung in Anlehnung an das Depressionsmodell am Anfang; die Suizidhandlung ist hier ein letzter Schritt der depressiven Dynamik.

Auf einen objektiven und / oder subjektiv erlebten, physischen und / oder psychischen Verlust von Bezugspersonen,
Idealen, Zielen und / oder subjektiv bedeutungsvollen Objek-
ten reagiert der melancholisch Disponierte zunächst mit Haß,
der jedoch sofort abgewehrt werden muß, da das Objekt unverzichtbar für die eigene Existenzfähigkeit ist. Diese Abwehr geschieht durch Regression auf die orale Entwicklungs-
stufe mit Einverleibung des verlorenen Objekts in der Phantasie. Das Objekt ist zwar gerettet durch die Regression von
der narzißtischen Objektbeziehung zum Narzißmus, die
Objektbeziehung ist durch die Ich-Veränderung mit dem
Selbst des Subjekts via Identifikation gerettet, der Haß, ursprünglich nach außen gerichtet, wütet aber nun gegen das
Objekt im Selbst, also gegen die eigene Person (z. B. nach
HENSELER 1975).

Die heutigen tiefenpsychologisch-psychoanalytischen
Vorstellungen beinhalten nach HENSELER (1981) als Basis
Suizidalität als Reaktion auf Objektverlust, wobei es sich um
ein *unverzichtbar erlebtes Objekt* handeln muß und der *Vor-
gang als existentiell bedrohlich* erlebt wird. Davon ausgehend
unterscheidet HENSELER eher *konflikt-psychologische* und
eher *objektbeziehungs-psychologische Modellvorstellungen*.

Zu ersteren gehört der schon genannte Aggressionskonflikt, nämlich Aggression werde durch Objektverlust ausgelöst, der Konflikt zwischen aggressiven Impulsen und dem

Über-Ich werde durch Wendung der Aggression gegen die eigene Person gelöst.

In konsequenter Weise hat MENNINGER 1938 drei Suizid-motive herausgearbeitet, nämlich den Wunsch zu töten als Ausdruck der Aggressivität nach außen, den Wunsch getötet zu werden als Lösung des Konfliktes zwischen Aggressivi-tätswunsch nach außen und Über-Ich-Kontrolle und den Wunsch zu sterben als Abkömmling des Todestriebes.

Psychotherapeutische Konsequenzen aus dem Aggres-sionsmodell waren z. B. für RINGEL (1953, 1972) das verbale Ausagieren von aggressiven Wünschen und das Anhalten zu Aktivität zum Abreagieren. Für die akute Krisenintervention hat sich das Aggressionsmodell therapeutisch nicht bewährt. Der Patient fühlt sich, angesprochen auf aggressive Impulse, mißverstanden, zurückgewiesen und abgelehnt. Die Bearbei-tung aggressiver Inhalte gehört von daher eher in die mittel-bis langfristige Psychotherapie bzw. Psychoanalyse. Bewährt hat sich jedoch, sich klarzumachen, ob es sich eher um einen Aggressionskonflikt oder um eine narzißtische Kränkung im Sinne von HENSELER handelt.

Bei der *zweiten Gruppe* der objektbeziehungs-psycholo-gischen Suizidtheorien stehen der *interaktionelle Aspekt* so-wie der *Versuch der Regulation des gestörten narzißtischen Regulationssystems* im Vordergrund. Hier wird die Bedeu-tung des narzißtischen Objektes betont, das verlorenzugehen droht, es geht also primär nicht um die Bewältigung eines Triebkonfliktes, sondern um die Rettung eines Objektes, das vom Subjekt, hier dem suizidalen Menschen, deswegen für so unverzichtbar gehalten wird, weil es Teil des narzißtischen Regulationssystems ist.

Vorausgesetzt wird also eine spezifische Objektbezie-hung, die – ohne auf die Narzißmustheorie hier näher einge-hen zu wollen; dazu sei auf die einschlägige Literatur z. B. bei HENSELER verwiesen – sich auszeichnet durch Abhängig-keitswünsche, narzißtische Objektwahl, durch einen »Zu-stand ununterbrochener Gier« im Sinne von FENICHEL

(1975) wobei Abhängigkeit und Angst diese Objektbeziehung kennzeichnen, wie dies manche depressive Beziehungen oder die des Süchtigen zum Suchtmittel verdeutlichen. Die andere Person bzw. das Suchtmittel müssen als Objekt jederzeit verfügbar sein. Es ängstigt, daß dieses Objekt auch Eigendynamik enthalten kann, ob als Verselbständigung, Wegbewegung oder Trennung. Diese enge Beziehung beinhaltet immer Gefahr, ja sogar Lebensgefahr, die sich beim suizidalen Verhalten in Trennungssituationen oder auch bei chronischer Abhängigkeit zeigt. Liebesbeziehungen dieser Art tragen immer den Aspekt des Kompensatorischen in sich. Erst im Zusammenbruch dieser Beziehung werden dann die Chance zur Veränderung sichtbar und ein therapeutischer Zugang möglich.

Nach HENSELER leiden Suizidenten nicht nur an starren narzißtischen Objektbeziehungen, die ja für sich selbst nicht pathogen sind, sondern erst bei Individuation des Partners bedrohlich werden können, sondern an einer narzißtischen Störung selbst.

Wie HENSELER in verschiedenen Untersuchungen zeigen konnte, fühlen sich narzißtisch labile Persönlichkeiten ständig bedroht, in einen Zustand von Lächerlichkeit, Ohnmacht, Hilflosigkeit, Verlassenheit zu geraten, was bei ihnen ohnmächtige Wut, Verlust des Selbstwertgefühls und das Gefühl, sich nicht mehr retten zu können, auslöst. Zur Kompensation und Stabilisierung dieses dadurch gestörten narzißtischen Gleichgewichtes bedienen sie sich früher Entwicklungsstufen, nämlich der Verleugnung und idealisierenden Uminterpretation kränkender Realitäten, sodann absteigend, wenn Verleugnung und Uminterpretation nicht mehr greifen, des phantasierten und/oder agierten Rückzuges auf einen harmonisch phantasierten Primärzustand auf der Stufe der frühen Mutter-Kind-Dualunion. Dort erscheint Sicherheit, Geborgenheit, Wärme, Nähe. In der Suizidhandlung wird dieser Mechanismus der aktiven Regression verwirklicht; in den Phantasien über den Zustand nach dem Tod bei Suizidenten nach Suizidversuchen spiegelt sich das Erleben dieses harmonischen Urzustandes wider. Auslösend für derartig regressive Entwicklungen sind bei narzißtisch labilen Persönlichkeiten Kränkungssituationen, ein unvorhergesehenes Hineingeraten in einen Zustand bedrohlicher Lächerlichkeit, Ohnmacht, Hilflosigkeit und Verlassenheit, aus welcher der Betroffene sich nicht anders als durch den beschriebenen Einsatz narzißtischer Regulationsmechanismen bis auf eine gefährlich infantile Ebene retten kann.

Als *therapeutische Konsequenzen* für das Gespräch und die Psychotherapie mit Suizidenten hat HENSELER (1981) empfohlen, den kränkenden Anlaß als Hauptgrund in der multifaktoriellen Bedingtheit der Suizidalität aufzusuchen, den gemeinsamen Nenner der unbewußten Grundproblematik zu erahnen, wozu Erfahrung und Selbsterfahrung des Psychotherapeuten notwendig sind, und die Interaktion, das Verhalten in der aktuellen Beziehung Therapeut/Patient zu beobachten, in welcher die Grundproblematik des narzißtisch Gekränkten sehr schnell nach dem Wiederholungsprinzip zum Ausdruck kommt.

4. Abschlußbemerkung

Für die meisten suizidalen Menschen erweist sich das eingangs geschilderte psychotherapeutisch orientierte Umgehen mit ihnen in der akuten Krisensituation zur Lösung der unmittelbar anstehenden Krise und zur Stabilisierung der Persönlichkeit als ausreichend; dies sind Maßnahmen, die mit einiger Bereitschaft, Information und Einfühlung jeder Psychiater/Nervenarzt zu leisten vermag. Jedoch auch hier empfehlen sich auf längere Sicht Balint-Gruppen, Supervision und Selbsterfahrung. Eine längere Psychotherapie dagegen stellt gerade bei narzißtisch gestörten Menschen hohe Anforderungen an Qualifikation und Kompetenz des Therapeuten und ist nur bei entsprechender psychotherapeutischer Qualifikation zu leisten.

5. Soziotherapie, »Rehabilitationsdruck« und die Abstimmung des Therapieziels

1. Soziotherapie

Soziotherapie ist keine Behandlungsmethode, sondern ein Bündel von methodischen Ansätzen, die im sozialen Bereich und im Beziehungsgefüge des Patienten eingreifen. Arbeits- und Beschäftigungstherapie gehören ebenso dazu wie das Training in lebenspraktischen Fähigkeiten zur Vorbereitung auf das Leben in der eigenen Wohnung. Aber auch die Gestaltung des therapeutischen Milieus sowie die Entwicklung einer gemeinsamen therapeutischen Haltung beim Behandlungsteam gehören dazu. Nach allgemeinem Verständnis ist es Aufgabe der Soziotherapie, den Patienten zu aktivieren. Soziotherapie ist aber auch das Gegenteil: die Vermittlung von Regressionsmöglichkeiten, die Gewährung von Schutz und Geborgenheit und die Garantie von Verläßlichkeit und Berechenbarkeit der therapeutischen Strategie gegenüber dem Patienten. Die fließenden Grenzen zwischen Sozio- therapie und Psychotherapie sind offensichtlich.

Für die Suizidprophylaxe während der psychiatrischen Behandlung ist die Soziotherapie in doppelter Weise von Be- deutung. Durch Aktivierung, durch Auseinandersetzung mit dem Kranken über seine Wünsche und Pflichten im Rahmen der Station oder der ambulanten Nachsorge formuliert sie Ansprüche an den Patienten, die bei diesem zu Frustration und Enttäuschung führen können. Durch die Vermittlung eines beschützenden therapeutischen Milieus bietet sie dem Kranken Hilfe bei der Bewältigung solcher und anderer enttäuschender Erlebnisse an, die er außerhalb des therapeutischen Rahmens erfährt. Ich werde im Rahmen der Erörterung institutioneller Maßnahmen zur Selbstmordvermeidung im psychiatrischen Krankenhaus darauf zurückkommen.

Erwünschte und unerwünschte Wirkungen

Soziotherapie ist wie die Medikamentenbehandlung und die Psychotherapie nicht frei von unerwünschten Begleitwirkungen. Ein zu beschützendes oder zu reizarmes therapeutisches Milieu führt zur Regression und schlimmstenfalls zu Hospitalisierungsschäden. Reizüberflutung, Unruhe, Überaktivität und zu große, dem Patienten aufgedrängte Nähe können Krankheitssymptome provozieren und das Suizidrisiko erhöhen. Das therapeutische Milieu bedarf deswegen der bewußten Gestaltung. Das gilt vor allem für die Krankenhausstation, die Tagesklinik, die Wohngemeinschaft und das Wohnheim. Die Art und Weise der Gestaltung des Milieus muß sich auf die Patienten, ihre Krankheiten und ihre Behinderungen einstellen.

Eine psychiatrische Langzeitstation oder ein Dauerwohnheim verlangt Wohnatmosphäre und eine hohe Konstanz der personalen Betreuung. Wenn Mitarbeiter häufiger wechseln als Patienten, gibt es kaum einen Ansatz für die Gestaltung eines tragfähigen therapeutischen Rahmens. Eine psychiatrische Akutstation soll Geborgenheit und vorübergehende Regressionsmöglichkeit vermitteln. Sie soll gewährleisten, daß die Kranken während ihres Aufenthaltes menschliche Zuwendung möglichst häufig durch die gleichen Mitarbeiter erfahren. Sie soll eindeutige Erwartungen an den Kranken herantragen und gewährleisten, daß die Ratlosigkeit der Kranken nicht durch die Therapeuten an sie zurückgespielt wird. Insbesondere wenn schizophrene Kranke auf einer Station behandelt werden, haben Eindeutigkeit und klare Strukturen höchsten Vorrang. Es gilt: »Eure Rede sei ja, ja – nein, nein.«

Transparenz der Erwartungen, Zuverlässigkeit im Umgang der Therapeuten mit den Kranken, Vermeidung von Personalwechsel, Vermittlung eines Mindestmaßes an Geborgenheit und die ständig wiederholte Bestätigung, daß die Therapeuten sich kümmern, gehört im übrigen auch zum Milieu einer Rehabilitationsstation oder einer Tagesklinik. Es gibt Hinweise dafür, daß die erhöhte Suizidquote solcher Einrichtungen, die gelegentlich einem zu hohen Rehabilitationsdruck zugeschrieben wird, ihre Ursache auch in einer zu großen Diffusität und einer daraus herzuleitenden Orientierungslosigkeit der Patienten haben kann.

Einrichtungen der Arbeits- und Beschäftigungstherapie stehen in ihren Erwartungen und Anforderungen an die Patienten definitionsgemäß im Kontrast zu jenen der Stationen. Hier wird Konzentration und Leistung gefordert; dort wird Inaktivität und Regression zumindest geduldet. Der Wechsel zwischen diesen beiden Formen therapeutischen Milieus innerhalb der gleichen Institution wird von Kranken gelegentlich als Belastung empfunden. Der tägliche Weg zur Arbeitstherapie bedeutet auch eine Konfrontation mit der eigenen Leistungsunfähigkeit. Er sollte als Risikosituation wahrgenommen werden. Wir glauben, daß es kein Zufall ist, daß sich eine unerwartet hohe Zahl der Patienten unseres Krankenhauses, die sich suizidiert haben, auf dem Weg zur Arbeitstherapie oder auf dem Rückweg zur Station absentiert und suizidiert haben.

2. Rehabilitation als Risikofaktor

Therapie bezeichnet in der somatischen wie in der psychologischen Medizin die Wiederherstellung eines Zustandes, der vor Ausbruch der Erkrankung bestanden hat. Die Rehabilitation ist ein komplexeres Geschehen. Sie bezeichnet die Maßnahmen zur Überwindung krankheitsbedingter Behinderungen. Mit ihrer Hilfe soll unbeschadet des Fortbestehens von Behinderungen ein Funktionsniveau erreicht werden, das jenem vor Ausbruch der Erkrankung möglichst nahe kommt. Damit dieses Ziel erreicht wird, werden nicht nur die Krankheit und ihre Folgen in die Rehabilitationsbemühungen einbezogen, sondern auch bislang ungenutzte Fähigkeiten im psychosozialen und instrumentalen Bereich. Die gesunde Seite des Behinderten wird einbezogen, gefördert und entwickelt. Dabei bedürfen einige Besonderheiten seelischen Krankseins der Beachtung:

1. Psychische Krankheiten und Behinderungen, die der Rehabilitation bedürfen, sind durch eine chronisch rezidivierende Verlaufsform gekennzeichnet. Das gilt für Erkrankungen aus dem schizophrenen Formenkreis, für manisch-depressive Krankheit, aber auch – und das wird von uns Klinikern häufig übersehen, weil diese Gruppe in der Praxis des niedergelassenen Nervenarztes bleibt – für die Vielzahl von neurotischen und psychasthenischen Syndromen, die zu Leistungsunfähigkeit und schließlich zu Invalidität führen.

2. Die Behinderungen, die im Gefolge einer psychischen Erkrankung zu erwarten sind, werden um so schwerer, je unzureichender die Anfangsbehandlung gewesen ist und – darauf kommt es mir hier an – je größer die sozialen Defizite sind, die der Patient mitbringt. Wer eine gute Schulbildung und einen Beruf hat, wer Angehörige und Freunde hat, die sich um einen kümmern, bietet günstige Voraussetzungen für eine psychiatrische Rehabilitation. Aber bezeichnenderweise genügen für solche Kranke meist die Maßnahmen einer konventionellen psychiatrischen Behandlung. Der typische rehabilitationsbedürftige psychisch Kranke hat keinen Hauptschulabschluß, keinen Beruf, keine Freunde, keinen Kontakt zu Angehörigen und lebt in ungünstigen wirtschaftlichen Verhältnissen.

3. Die Persönlichkeitseigenschaften, die eine erfolgreiche

Rehabilitation gewährleisten, sind von den psychischen Krankheiten mitbetroffen. Solche Eigenschaften sind gute Motivation, geistige und soziale Beweglichkeit, soziale Kontaktfähigkeit und Kontaktbereitschaft, Beharrlichkeit und Ausdauer sowie gutes Konzentrationsvermögen.

Der seelisch Behinderte aber ist in aller Regel durch Antriebslosigkeit, erhöhte Verstimmbarkeit, vermehrte Angst und Zurückgezogenheit gekennzeichnet. Man könnte sogar sagen, dem typischen Rehabilitanden mit psychischen Behinderungen fehlen alle jene Eigenschaften, die für einen Rehabilitationserfolg notwendig sind: Er hat keine Motivation, er ist unbeweglich und kontaktarm. Er kann sich nicht konzentrieren, und er hat keine Ausdauer. Wir erwarten vom Rehabilitanden, daß er aktiv mitarbeitet, daß er einen klaren Willen zeigt. Und wir sind mit der Tatsache konfrontiert, daß eben dieser Wille von der seelischen Krankheit mitbetroffen ist. Das stellt nicht nur besonders hohe Anforderungen an Rehabilitationsmaßnahmen; es stellt auch die Angehörigen und Rehabilitanden selbst auf eine harte Probe.

Die Besonderheiten psychischer Störungen und ihrer Folgen müssen bei der Entwicklung von Rehabilitationsprogrammen berücksichtigt werden. Sie begrenzen die Erwartungen, ihre Berücksichtigung eröffnet jedoch auch neue Chancen.

Ferner vermittelt die Berücksichtigung vorhandener sozialer Defizite krankheitsunabhängige Ansatzpunkte für Maßnahmen der persönlichen Befähigung. Das Nachholen eines Schulabschlusses gehört ebenso dazu, wie die Befähigung, einen eigenen Haushalt zu führen und mit Behörden – wie Sozial- und Arbeitsamt, umzugehen. In diesen Bereich gehört auch das Angebot von Kontakt- und Freizeitmöglichkeiten.

Die größten Probleme wirft der Umgang mit den Störungen des Antriebs, der Motivation und der Ausdauer auf, die meist noch von einer erhöhten Verstimmbarkeit begleitet sind. Diese Eigenschaften sind es letztlich, die die psychiatrische Rehabilitation immer noch als weitgehend unbestelltes Feld erscheinen lassen.

Wir wissen, daß eine erfolgreiche psychiatrische Rehabilitation nur möglich ist, wenn es uns gelingt, die Apathie des antriebsgeminderten, die Angst des kontaktgestörten psychisch Behinderten zu überwinden. Wir wissen auch, daß das möglich ist, und zwar

- durch die Aufarbeitung der sozialen Defizite,
- die Strukturierung des Tageslaufes,
- die Vermittlung wechselnder Gruppensituationen zum sozialen Training,
- gestufte Belastung in Beschäftigung und Arbeit,
- die Normalisierung von Wohnen und Freizeit,
- die Pflege von Bindungen zu Angehörigen und Freunden.

Rehabilitation ist belastend

Rehabilitation wirkt psychischen Behinderungen und der Invalidität durch psychische Krankheit entgegen. Rehabilitation ist ein lang anhaltender, anstrengender Prozeß, der mit mannigfachen psychischen und sozialen Belastungen verbunden ist, birgt vielfache Risiken des Scheiterns, der Zurückweisung, der Enttäuschung. WING, BENNETT und DENHAM (1964) haben in einer frühen Arbeit über die Rehabilitation von langzeitig kranken Schizophrenen bereits berichtet, daß Rehabilitationsmaßnahmen produktive psychotische Symptome provozieren und zum Rückfall in die Krankheit führen können. Sie haben aber zugleich gezeigt, daß dies vor allem dann der Fall ist, wenn die Maßnahmen undifferenziert und die Patienten unzureichend darauf vorbereitet sind.

Diese Beobachtungen sind später zu einem wichtigen Bestandteil der WING'schen Überstimulations-/Unterstimulations-Hypothese geworden. Sie haben auch dem Vulnerabilitätskonzept der Schizophrenie den Weg gebahnt. Sie helfen uns zu verstehen, weshalb Rehabilitationsprogramme auch mit einem erhöhten Suizidrisiko verbunden sein können: Sie

konfrontieren den psychisch kranken und behinderten Patienten – vor allem den schizophrenen Kranken, aber nicht
nur diesen – mit all jenen Belastungen und Problemen, die er
aufgrund seiner Krankheit nicht mehr selbständig bewältigen
kann. Es ist kein Zufall, daß Berichte über eine hohe Suizidrate in Rehabilitationseinrichtungen vor allem aus jenen
psychiatrischen Zentren stammen, in denen sehr früh mit
großem Engagement die berufliche und soziale Wiederein-
gliederung von psychisch Kranken vorangetrieben worden
ist.

Das bedeutet aber nicht, daß Rehabilitation für den psychisch Kranken generell gefährlich ist, genauso wenig wie
die Behandlung auf offenen Stationen oder die frühzeitige
Gewährung von Ausgang und Urlaub. Es unterstreicht vielmehr, daß alle diese Maßnahmen auf die Belastbarkeit des
einzelnen Kranken abgestimmt werden müssen. Nicht nur
Medikamente bedürfen der sorgsamen Dosierung! Das beginnt mit der Übereinstimmung des Therapie bzw. Rehabili-
tationsziels. Es nimmt seinen Fortgang mit der Berücksichtigung kritischer Behandlungsprobleme, die während des
gesamten Krankheitsverlaufs immer wieder auftreten können. Mit beiden Aspekten werden wir uns in den folgenden
Abschnitten befassen.

3. »Rehabilitationsdruck« und die Abstimmung
des Therapieziels

In der Zahnbehandlung, in der Chirurgie, in der Inneren Medizin ist es zu einer Selbstverständlichkeit geworden, daß der
Arzt das Therapieziel mit dem Patienten bespricht und mit
ihm abstimmt. Er erklärt ihm, was er für erreichbar hält und
welche Risiken damit verbunden sind. In der Psychiatrie
scheint das immer noch eher die Ausnahme zu sein. Es mag
damit zusammenhängen, daß im akuten Krankheitsstadium
manchmal nur wenig zu besprechen ist und das Ziel, die Be-
seitigung der ängstigenden Symptome, klar ist. Es mag aber

101

auch mit der Diffusität der meisten psychiatrischen Behandlungsmethoden zusammenhängen.

Zudem hat sich im Bereich der Psychotherapie eine Ideologiebildung vollzogen, die zum einen durch eine »souveräne Vernachlässigung des Symptoms« (LOCH) gekennzeichnet ist, zum anderen durch die arrogant anmutende Forderung, der Patient müsse sich eben einlassen, nur dann könne er erfahren, was Psychotherapie sei und was sie bewirken könne. Auch eine Risikoaufklärung scheint außer im Bereich der Medikamentenbehandlung oft zu unterbleiben. Daß Psychotherapie gefährliche Begleitwirkungen haben kann, wird nur selten übermittelt. In der Soziotherapie ist das in mancher Hinsicht ähnlich.

Manchmal müssen wir Patienten gegen ihren Willen behandeln. Wir müssen Zwang ausüben. Oft müssen wir widerstrebende Patienten überreden, uneinsichtige mit sanftem Druck zu ihrem Glück verhelfen. Das hinterläßt Spuren. Darüber tritt leicht das Bewußtsein in den Hintergrund, daß wir unsere mittel- und langfristigen therapeutischen Strategien sehr wohl mit dem Kranken abstimmen müssen. Will er die Belastungen einer konfliktorientierten Psychotherapie auf sich nehmen? Ist er bereit, sich einer Rehabilitationsmaßnahme zu unterziehen, die ihn fordert, die ihn weitere sechs Monate in der Klinik festhalten wird, die keine Garantie fürs Gelingen bietet?

Der Problemkreis, den ich hier anschneide, wird in der Literatur im allgemeinen unter dem Stichwort »Rehabilitationsdruck« abgehandelt. Der Druck, den Therapie und Rehabilitation auf den Kranken, vor allem den schizophrenen Kranken, ausüben, erhöhe dessen Suizidrisiko. Ich meine, daß diese Sichtweise zu eng ist. Subjektiv oder objektiv unzumutbarer Druck wird auf den Kranken immer dann ausgeübt, wenn ein Therapieziel verfolgt wird, das nicht mit ihm abgestimmt ist. Ich räume ein, das ist nicht einfach. Es ist bekannt, daß Therapieziele von psychiatrischen Patienten und Therapeuten zu Beginn der Behandlung voneinander abweichen.

Patienten wollen, daß ihre Symptome verschwinden. Therapeuten zielen auf die Verbesserung der Introspektionsfähigkeit, die Förderung der Fähigkeit der Kranken, ihr Handeln und Fühlen besser zu verstehen. Das ändert nichts an der Notwendigkeit, daß nach einer ersten Krisenintervention eine Absprache zwischen Arzt und Patient darüber erfolgen muß, wie es weitergehen soll.

Beispiel

Eine fünfunddreißigjährige Patientin mit einer Psychose aus dem schizophrenen Formenkreis – sie wurde oben bereits erwähnt – kommt zur Aufnahme, weil sie fürchtet, sie könne sich das Leben nehmen. Sie ist voller Angst. Als Angst- und Suizidgefährdung abgeklungen sind, möchte sie nach Hause. Der behandelnde Arzt hingegen, der Familiengespräche mit Ehemann und Schwiegermutter geführt hat, entdeckt ein weites Feld von sozialen und psychischen Konflikten in der Beziehung zur Schwiegermutter, im sexuellen und im beruflichen Bereich. Er meint, sie könne nicht entlassen werden, bevor diese Probleme aufgearbeitet worden seien. Die Patientin kooperiert widerstrebend. Sie traut sich nicht, die Entlassung gegen den Rat des Arztes zu verlangen. Sie betont aber immer wieder, es gehe ihr schlechter: der Psychotherapeut ist gegenteiliger Auffassung. Er zwingt ihr ein Therapieziel auf, das sie ablehnt, und einen therapeutischen Prozeß, dem sie nicht gewachsen ist. Das Ringen der beiden um die Therapie ist in der Krankengeschichte säuberlich dokumentiert – bis die Patientin schließlich kapituliert und sich das Leben nimmt.

Unsere Sammlung von Biographien und Krankengeschichten von Patienten, die sich während der Behandlung das Leben genommen haben, enthält andere ähnliche Beispiele: ein erstes Therapieziel ist erreicht. Die Symptome, aufgrund welcher die Aufnahme oder der Beginn der ambulanten Behandlung erfolgte, sind behoben. Der Patient gibt sich damit zufrieden. Der Behandelnde dagegen meint, das

103

reiche nicht aus. Er könne den Kranken weiterbringen. So gilt es, die Arbeitsfähigkeit wiederherzustellen oder eine emotional gespannte Familiensituation zu klären. Das können richtige und wichtige Therapieziele sein. Aber wenn der Kranke sich dagegen sträubt, ist das ein Warnsignal. Es muß beachtet werden. Es müssen nicht Trägheit oder mangelnde Einsicht sein, die ihn bewegen. Er kann auch ein feines Gespür dafür haben, was für ihn hier und jetzt zuviel wird.

Individuelle »Dosierung«

Die rehabilitative Situation stellt den Kranken für längere Zeit unter andauernden Erwartungs- und Leistungsdruck. Anders als bei der Therapie sollen nicht Symptome von Krankheit zum Verschwinden gebracht werden. Der Kranke soll aktiv ein höheres Lebens- und Leistungsniveau erreichen. Rehabilitation ist wie Therapie und Ausbildung zugleich. Rehabilitation ist anstrengend. Schon früh ist – wie oben bereits angeführt – von WING u. a. (1964) beobachtet worden, daß sie zum Wiederauftreten von floriden Krankheitssymptomen führen kann. Unausbleibliche Frustrationen, Enttäuschungen und Versagenserlebnisse können Hoffnungslosigkeit und Verzweiflung zur Folge haben und somit das Suizidrisiko erhöhen. Deshalb ist es bei Rehabilitationsmaßnahmen besonders wichtig, das Ziel individuell mit dem Patienten abzustimmen. Im Verlauf muß ständig überprüft werden, ob es realitätsgerecht ist. Wenn das nicht der Fall ist, muß auch dieses mit dem Kranken besprochen werden. Versagens- und Enttäuschungssituationen müssen bearbeitet und in einer Stationsatmosphäre von Geborgenheit aufgefangen werden.

Ich bin mir der Schwierigkeiten bewußt, solche Forderungen einzulösen. Es sind ja nicht immer nur die Therapeuten, die unrealistische Vorstellungen von dem haben, was erreichbar ist. Dennoch kann es nicht zwingend sein, daß Rehabilitation mit einer Erhöhung des Suizidrisikos verbunden ist.

Unsere besondere Aufmerksamkeit im Rahmen von Rehabilitationsmaßnahmen hat jüngeren Patienten mit schizophrenen Psychosen zu gelten. Sie sind besonders gefährdet, wenn der Krankheitsverlauf chronisch rezidivierend ist und wenn die Schere zwischen ihren Hoffnungen an das künftige Leben und den krankheitsbedingten Einschränkungen sich besonders weit auftut. Sie haben nicht nur die eigene Enttäuschung zu bewältigen, sondern auch die der Angehörigen, vor allem der Eltern. Ihre krankheitsbedingte Vulnerabilität erschwert es ihnen zudem, die sich unablässig wiederholenden Versagenserlebnisse zu verarbeiten. Rehabilitation bedeutet bei diesen Patienten zunächst einmal, vor allem anderen ein Plateau zu sichern, auf dem sie mit den krankheitsbedingten Einschränkungen ohne ständige Versagens- und Lebensangst überdauern können. Erst wenn ein individueller sozio-emotionaler Entfaltungsspielraum – auf welcher Ebene auch immer – gesichert ist, ist es legitim, den nächsten Schritt ins Auge zu fassen.

4. Kritische Probleme bei Behandlung und Rehabilitation

Die amerikanische Gruppe um P. G. COTTON und R. E. DRAKE (1985) hat sich intensiv vor allem mit dem Suizid schizophrener Kranker befaßt. In diesem Zusammenhang haben sie auch die Erfahrung von 20 Psychotherapeuten einbezogen, die Patienten durch Suizid verloren hatten. Die Aufarbeitung dieser Erfahrungen veranlaßte sie zur Formulierung von sechs kritischen Behandlungsproblemen, die die psychotherapeutische Betreuung im engeren Sinn ebenso sehr betreffen wie die Rehabilitation. Die Beachtung dieser Problembereiche bei Behandlung und Rehabilitation ist von großer Hilfe.

Die Gefährdung der Selbstachtung
Selbstachtung und Selbstwertgefühl der chronisch Schizophrenen werden ständig untergraben. Ihre früheren Lebenshoffnungen und Ansprüche werden illusorisch. Auf dieser

105

Grundlage verlieren sie alle möglichen Bindungen. Am Schluß bleibt möglicherweise nur noch ein intakter Aspekt übrig, der ihnen ein Stück Selbstwertgefühl läßt, etwa die Aufzucht eines Kindes oder die Berufstätigkeit. Wenn dieser letzte Faktor fortfällt, kann das der Anlaß zum Zusammenbruch sein. Diese Gefahr des Zusammenbruches werde prospektiv von Therapeuten manchmal nicht wahrgenommen.

*Die Erkenntnis, daß die Psychose
eine protektive Funktion haben kann...*
Schizophrene Patienten sind verstärkt durch Depressivität und Verzweiflung gefährdet, wenn ihr wahnhaftes Denken verschwindet. Das gilt besonders, wenn es wenig konkrete Stützen für ihr Selbstwertgefühl gibt. Psychotherapeutische und rehabilitative Arbeit mit schizophrenen Patienten sollte sich darauf konzentrieren, die Lebensbewältigung zu unterstützen und dabei das Selbstwertgefühl zu fördern. Dann wird das Wahnsystem nicht mehr zum Selbstschutz benötigt. Durch konfrontative therapeutische Ansätze dagegen können Verzweiflung und Suizidalität heraufbeschworen werden.

*Differenzierung zwischen Nicht-Können und
Nicht-Wollen*
Schizophrene Patienten sind in suizidalen Krisen nicht typisch psychotisch, sondern zurückgezogen, depressiv und hoffnungslos. Die Patienten können unwillig oder unfähig sein, ihre Gedanken über Leben und Tod mit anderen zu teilen. Therapeuten entwickeln in solchen Situationen oft unrealistische Erwartungen an den Patienten, die mit seiner äußeren Erscheinung oder seiner früheren Persönlichkeit zusammenhängen. Bei den meisten analysierten Suizidfällen gab es Behandlungspläne mit hohen Erwartungen, denen keine reale Hoffnung auf Erfolg gegenüberstand. Unangemessene Behandlungsziele jedoch setzen den Patienten unter Druck und lassen ihn seine Unfähigkeit spüren, die Erwar-

106

tungen des Therapeuten zu erfüllen. Die Folge ist eine weitere Verminderung des Selbstwertgefühls, die den inneren Kampf des Patienten weiter in die Richtung auf den Suizid zutreiben läßt.

Anteilnahme an der Bürde der Verzweiflung

Neben realistischen Behandlungszielen und der Akzeptierung ihrer Rückzugsbedürfnisse brauchen solche Patienten Verbündete. Die Therapeuten sollten auf dieser Grundlage an der existentiellen Verzweiflung der Patienten Anteil nehmen und versuchen, sie zu stützen, statt in ihren hohen Anforderungen an sich selber und ihrem negativen Bild von sich selber zu bestärken. Die betroffenen Patienten brauchen Hilfe dabei, sich auf ihr neues Funktionsniveau einzustellen, es zu akzeptieren, ihre Verzweiflung zu tragen, auszuhalten und neue Gründe der Hoffnung zu finden.

Förderung familiärer Beziehungen

Auf diesem Hintergrund ist es wichtig, die familiären Beziehungen zu fördern. Mehr als die Hälfte der Patienten hatten den Kontakt zu ihren Familien innerhalb von drei Monaten vor dem Suizid verloren. Die Therapeuten berichteten, daß sie die Rolle der Familie in vielfältiger Weise unterschätzt hatten. Dazu gehörte die Fehleinschätzung der Wichtigkeit der Familie für den Patienten und der Folge, daß sie sich vorzeitig für eine Ablösung von der Familie eingesetzt hatten. Dazu gehörte auch, daß sie eine so vertrauensvolle Bindung zur Familie aufgebaut hatten, daß diese sie über plötzliche Veränderungen nicht informiert hätten. Die Fürsorge und die Unterstützung durch die Familie, so COTTON und DRAKE, sind vitale Grundlagen. Wenn die Familie den Kranken fallen läßt, kann es sein, daß er alle Hoffnung aufgibt.

Hilfe bei der Bewältigung des Therapeutenverlustes

Der Schizophrene wird mit dem Verlust des Therapeuten nur schwer fertig. Er kann seine Gefühle, insbesondere positive Gefühle, nicht in direkter Weise ausdrücken. Er ist in Gefahr, sie bei Verlusterlebnissen direkt in Verzweiflungshandlungen umzusetzen. Der Verlust des Selbstwertfühls und das Fehlen von anderen Stützen gefährdet die schizophrenen Patienten besonders. Dabei scheint wichtig zu sein, daß die Schizophrenen auch ihre positive Beziehung zum Therapeuten oft nicht deutlich machen können, so daß die Therapeuten nicht damit rechnen, daß der Patient ein Verlusterlebnis erleiden wird, wenn er sich vom Patienten trennt, etwa wenn er die Station wechselt oder in Urlaub geht.

6 Medikamentenbehandlung

Psychopharmaka spielen bei der Suizidprophylaxe eine vielfältige, um nicht zu sagen zwiespältige Rolle: Als Mittel zur
Behandlung der Grundkrankheit, etwa bei depressiven und
schizophrenen Kranken; als Beruhigungsmittel in der akuten
Krise; als Suchtmittel und Komplikationsfaktor bei Abhängigen; schließlich als Mittel zur Selbstvergiftung. Psychopharmaka können schließlich das Ausmaß an Suizidalität über-
decken – maskieren – und so zu Fehlbeurteilungen beitragen.

Es gibt keine Medikamente gegen Suizidalität. Aber es gibt
Medikamente gegen Angst und innere Unruhe, gegen quälende Überwachheit und gegen Schlaflosigkeit; und es gibt
Medikamente zur Behandlung einer Reihe von psychischen
Krankheiten, die mit Suizidalität einhergehen. Die Medikamente mögen nur symptomatisch wirken. Aber die Unter-
drückung quälender Symptome kann für den Verzweifelten
eine Frage von Leben und Tod sein.

Deshalb darf die stützende Funktion der Medikamentenbehandlung beim Suizidgefährdeten nicht unterschätzt werden. Der englische Psychologe Stuart SUTHERLAND berichtet, wie oben bereits erwähnt, im Zusammenhang mit einer
eigenen seelischen Krise (1981), ihm sei mit dem Argument
von Psychopharmaka abgeraten worden, die würden ihn
doch nur dämpfen. Aber nur durch diese Dämpfung habe er
überleben können.

Das bedeutet nicht, das Suizidgefährdung primär eine Indikation für Medikamentenbehandlung wäre. Sie verlangt

nach Krisenintervention, psychotherapeutischer Stützung und flankierenden psychotherapeutischen Maßnahmen. Wenn Hilfe durch Freunde und Angehörige nicht gewährleistet ist, oder wenn die Bindung zwischen dem Therapeuten und dem Gefährdeten nicht ausreichend tragfähig ist, kann eine Klinikaufnahme notwendig sein. Medikamente sind auch nicht immer hilfreich. Sie können die Suizidalität auch verdecken, maskieren. Sie können gelegentlich auch zu ihrer Verschärfung beitragen.

1. Psychopharmaka bei Depressionen

Die beste Suizidprophylaxe bei depressiven Verstimmungszuständen im Rahmen von affektiven Psychosen ist die Behandlung der Grundkrankheit.

Bei bestimmten agitierten Formen der Depression beispielsweise genügt es nicht, antidepressiv-medikamentös zu behandeln. Insbesondere bei bekannter Suizidgefährdung ist es notwendig, zugleich zur Beruhigung beizutragen, den Zwang zum Grübeln und zu Selbstvorwürfen zu lindern und für Schlaf zu sorgen. In solchen Fällen kann es ausreichen, auf Antidepressiva vom Amitriptylintyp zurückzugreifen, die zugleich dämpfende und schlafanstoßende Wirkungen haben, statt Antidepressiva vom Imipramintyp einzusetzen, denen antriebssteigernde Wirkungen zugeschrieben werden.

Es kann aber auch notwendig sein, zusätzlich Neuroleptika oder – vorübergehend – Tranquilizer einzusetzen, um die Suizidgefährdung zu mindern. Eine begleitende stützende Psychotherapie ist unabdingbar. Gegebenenfalls ist eine aufmerksame Beobachtung bis hin zur Sichtüberwachung sicherzustellen.

Bei der Zusatzmedikation von Tranquilizern haben wir gelegentlich, insbesondere bei älteren Patienten, paradoxe Reaktionen beobachtet: Es kam zu einer schlagartigen Aufhebung der depressiven Gehemmtheit mit einschießender akuter Suizidalität bis hin zum Suizidversuch.

Provokation von Suizidalität durch Antidepressiva?

In der pharmakopsychiatrischen Literatur wird dann in Anlehnung an KIELHOLZ weithin zwischen antidepressiven Medikamenten unterschieden, die vorrangig aktivierend, stimmungsaufhellend oder dämpfend wirken. Es gilt als Standardwissen, daß Antidepressiva mit vorwiegend aktivierendem Charakter (Desipramin-Typ) bei agitierten, ängstlichen und suizidgefährdeten Patienten zu vermeiden sind. Sie könnten ungünstigenfalls sogar Suizidalität provozieren. Bei solchen Patienten seien deshalb Medikamente vom Amitriptylin-Typ zu bevorzugen, die eine starke dämpfende Komponente haben. PÖLDINGER (1982, 1984) faßt die Lehrmeinung dazu zusammen:

»Bei akut suizidalen und agitierten Patienten ist mit einer stark dämpfenden und neuroleptischen Behandlung zu beginnen, auch wenn es sich um Depressionen handelt. Anschließend an die Beruhigung oder schon simultan können Antidepressiva gegeben werden. Bei Depressionen mit nicht so ausgeprägter Suizidalität ist es zweckmäßig, Antidepressiva zu verwenden, die eine dämpfende Wirkungskomponente haben, da Antidepressiva mit einem hemmungslösenden aktivierenden Effekt Suizidalität, Angst und Agitation verstärken oder provozieren können (1982).«

Da die eigentliche antidepressive Wirkung erst nach Tagen bis Wochen auftrete, die Suizidalität aber sofort zu dämpfen sei, müsse man hier Antidepressiva mit dämpfender Eigenschaft oder einer Kombination von Antidepressiva, die vorwiegend stimmungsaufhellend wirke, mit Neuroleptika und Tranquilizern den Vorzug geben. Diese Empfehlung ist einleuchtend. In der Literatur zum Patientensuizid aber sind Auswirkungen der Einhaltung dieser Regeln oder des Abweichens davon nirgendwo empirisch belegt. Die wenigen Anmerkungen dazu (MAIER 1981, WOLFERSDORF 1984) sind eher allgemeiner Natur.

Tatsächlich erweist sich die Alternative der Behandlung

111

mit aktivierenden oder mit dämpfenden antidepressiven Medikamenten bei der Untersuchung unserer Wunstorfer Patienten mit depressiven Erkrankungen, die sich das Leben genommen haben, als bedeutungslos. Überraschendes Ergebnis ist vielmehr, daß keiner der Patienten einer ausreichenden, konsequenten und konsistenten Behandlung mit antidepressiven Medikamenten unterzogen worden ist – sieht man von einem Kranken ab, der nach langwierigem Verlauf schließlich mit Lithium behandelt worden war. Solche unzureichende Behandlung erfolgte auch, wenn nicht ausschließlich, aufgrund von Fehldiagnosen.

Es kann sehr gut sein, daß die Differenzierung der Antidepressiva in aktivierende und dämpfende im therapeutischen Alltag sehr wohl auch von suizidprophylaktischer Bedeutung ist. Es ist möglich, daß sich Fehlgriffe hier eher in Suizidversuchen als in Suiziden niederschlagen. Unser Material ist in dieser Hinsicht vielleicht auch deswegen nicht geeignet, weil in der betroffenen Klinik aktivierende antidepressive Medikamente wegen der berichteten Suizidrisiken gar nicht eingesetzt werden. Dennoch legen unsere Ergebnisse nahe, daß es andere Risiken gibt, die in dieser Form und mit diesem Gewicht bisher noch gar nicht gesehen worden sind. Das gilt um so mehr, als MODESTIN (1986, 1987) anhand der Untersuchung einer wesentlich größeren Patientengruppe zu den gleichen Erkenntnissen gelangt ist.

2. Depressive Zustände bei schizophrenen Psychosen; die »pharmakogene« Depression

In der Schizophreniebehandlung ist schon früh das Konzept von der pharmakogenen Depression aufgetaucht. Bis heute ist es nicht abschließend geklärt, ob depressive Verstimmungszustände, die während der Dauerbehandlung mit Neuroleptika auftreten, immer als Krankheitssymptome oder gelegentlich auch als unerwünschte Begleitwirkungen der Medikation anzusehen sind. Sicher ist, daß durch eine

Überdosierung von Neuroleptika morose Verstimmungszustände auftreten können. Diese sind meist leicht erkennbar.
Die Patienten wirken schläfrig und »eingemauert«. Unabhängig von der Ursache sind depressive Verstimmungszustände im Verlauf schizophrener Erkrankungen zu behandeln. Stützende psychotherapeutische Maßnahmen sind
immer angezeigt. Eine vorsichtige antidepressive Behandlung
bewährt sich immer wieder.

MÜLLER (1982) berichtet in seiner kontrollierten Studie
über Suizidversuche und schwere Formen von Depression,
die eine Krankenhausaufnahme notwendig machen, bei jenen
Patienten, die unter Depotneuroleptika stehen, nicht jedoch
bzw. in sehr viel geringerem Umfang bei jenen der Kontroll-
gruppe. HIRSCH und KNIGHTS (1982) halten dem entgegen,
daß bis heute keine exakt durchgeführte prospektive Untersuchung veröffentlicht worden sei, die schlüssig aufzeige, daß
die Depression ein Resultat der medikamentösen Behandlung
sei. Depressive Verstimmungen im Verlauf schizophrener Erkrankungen seien vielmehr außerordentlich häufig. Sie seien
sowohl Bestandteil der Krankheit selber wie die Reaktion der
Betroffenen auf die Krankheit. Sie könnten allerdings auch
Folge einer relativen Überdosierung von Neuroleptika im
Rahmen eines »akinetischen Syndroms« sein, dem ein de-
pressionsähnliches Bild entspreche.

Nach MÜLLER (1982) seien die neuroleptikabedingten depressiven Syndrome oft typischen endogenen Depressionen
zum Verwechseln ähnlich:

»Charakteristische Tagesschwankungen, Schlafstörungen, Appetit-
mangel, gedrückte Stimmungslage mit Hoffnungslosigkeit, Angst
vor der Zukunft, vor dem Versagen, vor der Leere, stille Traurigkeit,
gelegentliches Weinen, ausgeprägter Interessemangel belasten die
Patienten sehr. Jede Beschäftigung mache Mühe, alles dauere unend-
lich, der Haushalt sei kaum zu schaffen, der Tag sei lang, sie könnten
sich zu nichts mehr aufraffen, früher gern gesehene Abwechslungen
seien ihnen gleichgültig, alles sei innerlich leer, trostlos und tot. Sie
könnten sich nicht mehr freuen.«

Die Patienten würden immer stiller. Sie zögen sich immer mehr zurück. Es handele sich also überwiegend um gehemmte Depressionen.

Unsere eigene Analyse ergab keinen Anhaltspunkt dafür, daß die pharmakogene Depression oder das depressionsähnliche Bild eines akinetischen Syndroms bei relativer Überdosierung von Neuroleptika beim Suizid eines unserer Patienten von Bedeutung gewesen wäre. Die depressiven Bilder, die bei einzelnen Schizophrenen bestanden hatten, ließen sich zwanglos in den Verlauf der Erkrankung mit schizoaffektivem Charakter einordnen, ohne daß sich ein Einfluß der Medikamente nachweisen ließ. Bei anderen mußte die Depressivität als Reaktion der Betroffenen auf ihre Krankheit oder auf die Auseinandersetzung mit anstehenden schwerwiegenden Lebensproblemen interpretiert werden. Ebenfalls von Bedeutung war jener Zustand »postremissiver Erschöpfung«, den HEINRICH (1967) schon früh beschrieben hat.

Unabhängig von ihrer Ursache sind depressive Verstimmungszustände im Verlauf schizophrener Erkrankungen sehr ernst zu nehmen. Sie müssen Anlaß sein, die Maßnahmen der Behandlung, nicht nur die medikamentöse Therapie, kritisch zu überprüfen.

3. Die Maskierung von Suizidalität

Neuroleptika und Antidepressiva wirken, wie allgemein bekannt, in vieler Hinsicht symptomatisch. Erregung, Angst, Agitiertheit werden rasch und verhältnismäßig zuverlässig beeinflußt. Dadurch treten Suizidgedanken oft in den Hintergrund, ohne daß die Krankheit selber verschwunden ist. Verbliebene bedrohliche Symptome werden maskiert. Die anhaltende Gefahr wird nicht mehr ausreichend wahrgenommen. Belastbarkeit und Stabilität werden lediglich vorgetäuscht. Diese Möglichkeit bedarf der Beachtung. Das gilt vor allem bei der Erstgewährung von Ausgang oder Urlaub, beim Einsatz von aktivierenden und damit belastenden sozio-

114

therapeutischen Maßnahmen und bei der Entlassungsplanung. Der Möglichkeit einer Maskierung fortbestehender Krankheitssymptome ist besonders dann nachzugehen, wenn noch hohe Medikamentendosen erforderlich sind. Dann ist erhöhte Wachsamkeit schon deshalb am Platz, weil unregelmäßige Medikamenteneinnahme – etwa im Urlaub oder nach der Entlassung – in eine Krise führen können. Dieses Risiko ist besonders hoch, wenn Entlassung oder Beurlaubung unter hohen Medikamentendosen vorzeitig und ohne Einverständnis zwischen Arzt und Patient erfolgt.

In der Literatur finden sich nur wenige Hinweise auf dieses Phänomen.

COHEN und Mitarbeiter aus der Gruppe von FARBEROW und SHNEIDMAN beschreiben das in einer frühen Studie (1964): In einigen von ihnen untersuchten Fällen seien floride Krankheitssymptome, die eine enge Überwachung notwendig gemacht hätten, durch die Medikamente unterdrückt worden. Dies habe zur Folge gehabt, daß die Patienten zu einem Zeitpunkt Ausgang erhalten hätten, an dem sie eigentlich noch nicht so weit waren. Die Medikamente hätten die Patienten beruhigt; sie hätten den Therapeuten aber ihre anhaltend verminderte Belastbarkeit verborgen. Des weiteren habe das ungeplante plötzliche Absetzen von Medikamenten negative Folgen gehabt. Insgesamt schätzen die Untersucher den Einfluß von Neuroleptika als suizidauslösende Teilfaktoren aber eher gering ein. PÖLDINGER (1982) unterstreicht im übrigen – ohne den Ausdruck zu verwenden – mit Recht, daß es einen solchen Maskierungseffekt auch bei der Behandlung depressiver Störungen geben kann: Falsch und sogar gefährlich wäre es anzunehmen, daß alle möglichen sedierenden Stoffe dann Antidepressiva sind, wenn sie irgendeine Wirkung bei Depressionen entfalten – z. B. Angstlinderung oder Beruhigung. Endogene Depressionen mit Suizidgefährdung würden damit eine höchst riskante Fehlbehandlung erfahren.

Bei unseren Wunstorfer Untersuchungen erwies sich das Phänomen der Maskierung der Krankheit durch Psychopharmaka als außerordentlich gewichtig, durch Neuroleptika und Antidepressiva ebenso wie durch Tranquilizer: Immer wieder war es vorgekommen, daß Patienten ruhig, ausgeglichen und belastbar wirkten. Sie waren es jedoch keineswegs. Urlaub nach Hause, Ausgang, die Verlegung auf eine andere Station, Ansprüche der Therapeuten, die Auseinandersetzung mit anstehenden Lebensproblemen waren Faktoren, die zur Dekompensation führten. Die Patienten waren nur scheinbar belastbar. Die in Wirklichkeit fortbestehende Verletzlichkeit war durch die Medikamente lediglich maskiert worden.

Nach unseren Beobachtungen ist die Gefahr der Fehlbeurteilung aufgrund der Maskierung des Schweregrades der Erkrankung besonders groß, wenn Neuroleptika in hoher Dosierung verabfolgt werden.

4. Suizidgefährdung bei Tranquilizerentzug

In jüngster Zeit haben wir bei älteren Patienten mehrfach schwere suizidale Syndrome nach plötzlichem Absetzen von längerzeitig eingenommenen Benzodiazepinen beobachtet. Die Wiederaufnahme der Behandlung führte regelmäßig zum raschen Verschwinden solcher Bilder. An diese Möglichkeit ist zu denken, wenn ältere Patienten, die oft nicht wissen, was sie eingenommen haben, nach der Klinikaufnahme zunehmend unruhig und gequält wirken und Suizidgedanken entwickeln.

5. Selbstvergiftung durch Psychopharmaka

Bei Suizidversuchen durch Selbstvergiftung werden in fast zwei Drittel der Fälle Schlafmittel oder andere Psychopharmaka verwendet. Diese Tatsache bringt uns in ein Dilemma. Auf der einen Seite bedürfen viele unserer Patienten der Dauerbehandlung durch Medikamente. Auf der anderen Seite geben wir ihnen mit diesen Medikamenten ein mögliches Suizidmittel in die Hand. Wann sind die einzelnen Medikamentengruppen unterschiedlich gefährlich: Neuroleptika und Tranquilizer haben eine verhältnismäßig hohe therapeutische Breite. Bei Antidepressiva ist sie deutlich geringer. Bei Lithium kann, ebenso wie bei Barbituraten, schon das Dreifache der therapeutischen Dosis zu Vergiftungserscheinungen führen. Gelegentlich wird behauptet, mit Neuroleptika könne man sich nicht suizidieren – so S. Arieti (1985) in seinem »Schizophrenie-Buch für Betroffene und Angehörige«. Das ist falsch. Insbesondere Suizide mit niederpotenten Neuroleptika, insbesondere in Verbindung mit Alkohol und ungünstigen Temperaturverhältnissen, kommen vor. Dennoch muß unsere Aufmerksamkeit vor allem Psychopharmaka mit geringer therapeutischer Breite gelten. Barbiturate sollen deswegen und wegen ihrer vielfältigen anderen Nebenwirkungen überhaupt nicht mehr als Schlafmittel eingesetzt werden.

Die Empfehlung, Antidepressiva und Lithium möglichst in kleinen Verpackungsgrößen zu verordnen, ist eher gut gemeint als realitätsgerecht. Beide Medikamentengruppen werden langzeitig verabreicht. Die Kranken haben vielfältige Möglichkeiten, sie zu sammeln und zu horten. Diese Vorsichtsmaßregel ist allenfalls zu Beginn der Behandlung erfolgversprechend. Dann sollte sie aber auch beachtet werden, weil gerade in dieser Phase häufig Suizidgefährdung besteht, die sich der Beurteilbarkeit durch den Therapeuten zudem teilweise entzieht. Bei chronisch rezidivierender Suizidalität bewährt es sich sehr, die Medikamente in Absprache mit dem Patienten einem Freund oder einem Angehörigen anzuvertrauen. Dieser kann dann zugleich die Aufgabe übernehmen, zu einer regelmäßigen Einnahme beizutragen.

Die eingefügte Graphik vermittelt eine Übersicht über die geschätzte Todesrate durch vorsätzliche oder versehentliche Überdosierung mit Antidepressiva. Das Lofepramin, für das keine Todesfälle bekannt sind, taucht darin naturgemäß nicht auf. Danach besteht ein deutlicher Unterschied in der Vergiftungsrate durch unterschiedliche Substanzen, der der

117

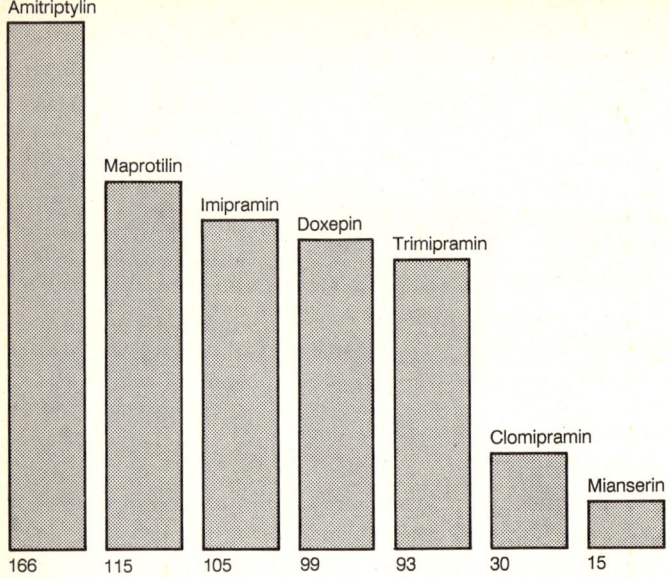

Abb. 1: Tod durch Antidepressiva. Geschätzte Todesrate durch
vorsätzliche oder versehentliche Überdosierung pro Millionen mit
dem jeweiligen Medikament behandelter Patienten (Nds. Ärzteblatt
1988, vgl. CASSIDY u. HENRY 1987; PINDER 1988)

Erklärung bedarf. Es fragt sich, ob die mögliche Hypothese
dafür ausreicht, durch die einen würden überwiegend leich-
tere, durch die anderen überwiegend schwerere Depressionen mit entsprechend höherer Suizidgefahr behandelt. Unabhängig davon relativiert sich die Größenordnung, wenn
man bedenkt, daß selbst die höchste angegebene Vergiftungsrate mit 16,6 pro 100000 niedriger liegt als die
Suizidrate in der Allgemeinbevölkerung. Aber diese Relati-
vierung darf auch nicht zu einer Bagatellisierung des Intoxi-
kationsrisikos durch Psychopharmaka führen, zumal Medikamente als Suizidmittel bei Suizidversuchen eine ungleich
größere Rolle spielen als bei vollendeten Suiziden.

6. Das Medikament als Krücke

Jenseits der Behandlung der Grunderkrankung hat das Medikament bei der Suizidprophylaxe die Funktion einer Krücke. Das bedeutet nicht, daß wir es geringschätzen müssen. Sein Einsatz ist genauso legitim wie die Krücke bei einem Beinbruch. Wir müssen uns nur Rechenschaft darüber ablegen, daß es eine Hilfsfunktion hat und die psychotherapeutische Intervention nur ergänzen kann. Gerade schwere suizidale Krisen, die die Verwendung von Psychopharmaka unabdingbar machen, verlangen ein Höchstmaß an psychischer Stützung und Führung und an menschlicher Zuwendung.

7 Therapeutenverhalten und Gegenübertragungskrise

Nicht alle Therapeuten sind in gleicher Weise zur Behandlung von Suizidgefährdeten befähigt. Die eigene Persönlichkeit, die berufliche Erfahrung und die eigene Einstellung zum Leben wirken sich im Umgang mit suizidalen Patienten unmittelbar aus, als das bei anderen Kranken der Fall sein mag. Dies ist im psychiatrischen Alltag von besonderer Bedeutung, weil wir alle in Klinik und Praxis beständig mit suizidalen Patienten umgehen, zum beträchtlichen Teil ohne daß wir von ihrer Gefährdung wissen. Die Gefühle, die sie in uns auslösen, und die Gefühle, die wir ihnen übermitteln, werden zum Bestandteil des therapeutischen Prozesses. Wir müssen lernen, unsere Gefühle zu erkennen, damit das Wechselspiel von Übertragung und Gegenübertragung nicht zum Risikofaktor wird.

Zuverlässigkeit, Einfühlungsvermögen (Empathie) und innere Stabilität sind die Eigenschaften, die im Umgang mit Suizidgefährdeten weiterhelfen. Unsicherheit, Ängstlichkeit, Zwiespältigkeit, Unentschiedenheit auf der einen Seite, Unflexibilität und persönliche Starrheit auf der anderen Seite werden zu Risikofaktoren. So kommt ROTOV (1970) in seiner Analyse von zwanzig durch Suizid gescheiterten Therapien zum Schluß, die verantwortlichen Ärzte hätten zum beträchtlichen Teil charakteristische Persönlichkeitsmerkmale gehabt: die einen seien wohlwollend, unentschlossen und schwach gewesen; die anderen aggressiv und nihilistisch.

1. Ärztliches versus psychotherapeutisches Handeln: ein Rollenkonflikt

Der Patientensuizid bedroht die berufliche und die persönliche Identität. Er bringt den Psychiater, wie D. W. Light
(1971) meint, in ein kaum auflösliches Dilemma: Der Suizid
berührt das Wesen der Therapie. Der therapeutische Prozeß
muß sich bei jedem psychisch Kranken mit selbstzerstörerischen Tendenzen auseinandersetzen. Behandlung beinhaltet
damit das Risiko des Suizids. Der Umgang mit Suizidgefährdeten rührt deshalb an den Grundkonflikt psychiatrischen
Handelns. Dieser besteht, so Light, im Spannungsverhält-
nis von ärztlicher und psychotherapeutischer Haltung, die in
einer Person vereint sein müssen. Das führt dazu, daß »die
psychiatrische Profession ihre Arbeit und ihre Ideologiebildung um den potentiellen Patientensuizid herum organisiert.«

Die suizidale Krise treibt den Rollenkonflikt im Psychiater
auf die Spitze. Der vollendete Suizid führt zum Zusammenbruch der psychiatrischen Professionalität: »Der Suizid be-
schwört eine Krise herauf, die nicht mit professionellen Routinen bewältigt werden kann. Der Suizid spaltet die mühsam
zusammengehaltenen Hälften der professionellen Identität
des Psychiaters.« Früher seien suizidale Patienten nackt in
Isolierzellen gesperrt worden. Ein solches Verhalten symbo-
lisiere den kritischen Punkt professioneller Ambivalenz zwischen der Verantwortlichkeit als Arzt, der nicht mehr helfen
könne, und dem helfenden Psychotherapeuten, der keine
Verantwortung übernehmen wolle: »Denn der Suizid führt
zum Tod. Aber der ist vom Patienten selber herbeigeführt.«

Der Psychiater versucht, sich so zu verhalten, »als ob er
den Suizid verhindern oder die Suizidalität heilen kann.« Er
entwickelt Therapiepläne. Er stellt eine Diagnose. Er glaubt
zu wissen, was mit dem Patienten nicht stimmt.

»Wenn die Situation bedrohlich wird, macht er dem Patienten als
Psychotherapeut deutlich, daß die Therapie zum Erfolg führt. Aber

121

gleichzeitig veranlaßt seine ärztliche Verantwortung ihn, den ambulanten Patienten in die Klinik einzuweisen oder beim Klinikpatienten die Restriktionen zu verschärfen. Er interpretiert die Warnsignale als Schrei nach Hilfe und intensiviert seine therapeutischen Bemühungen. Seine professionellen Anforderungen an sich selber geraten in Konflikt miteinander. Das wiederum kann dazu führen, daß er den Patienten zurückweist.«

Die Vielfalt der Probleme und der Verstrickungsmöglichkeiten beim »Helfen als Beruf« sind von W. Schmidbauer (1977 und 1983) in kompetenter Weise dargestellt worden. Zu seinen verdienstvollen Leistungen gehört die Herausarbeitung einer Typologie »alter« und »neuer« Helferberufe, die sich in ihrer Strukturiertheit und in ihren emotionalen Anforderungen an den Therapeuten klar voneinander unterscheiden. Zu den alten Helferberufen zählen vor allem jene des Arztes, des Pfarrers und des Rechtsanwaltes, zu den neuen jene des Psychotherapeuten, des Sozialarbeiters, des Pädagogen.

Die alten Helferberufe sind durch mannigfache Normierung und Ritualisierung, durch teils jahrhundertealte berufliche Traditionen und die entsprechende berufliche Sozialisation geprägt. Die neuen Helferberufe sind in ihrer Identität unsicher. Sie sind subjektiver. Sie sind in ihrer Beziehung zum Klienten weniger distanziert. Sie sind schon deswegen anfälliger gegenüber emotionalen Reaktionen von Klienten. Sie werden damit auch angreifbarer. Schmidbauer's Gegenüberstellung der Typologie alter und neuer Helfer vermittelt die Anfälligkeit des neuen Helfers in eindrucksvoller Weise.

Das bedeutet nicht, daß die alten Helferberufe durch Ritualisierung und Normierung versteinert wären. Auch bei ihnen kommt es zu emotionalen Reaktionen und zur Abwehr – vor allem dann, wenn ihr Idealbild als Helfer berührt wird. Dies ist am typischsten der Fall, wenn die Therapie versagt. Das Nicht-Wahrhaben-Wollen des »Versagens« hat zu manchen Auswüchsen der Medizin beigetragen. Harmloser, aber

122

Übersicht zur Typologie »alter« und »neuer« Helfer

»alter« Helfer	*»neuer« Helfer*	*Blickpunkt*
Sicher Klare Berufstradition	Unsicher Umstrittene Tradition	Gesellschaftliche Etablierung
Stabil. Eindeutig definiert (»Eid des Hippokrates«)	Labil. Variabel definiert	Rolle
»Objektiv«, rechtlich abgesichert	»Subjektiv«, persönlich orientiert	Normative Ordnung
Theologie, Naturwissenschaft, Jurisprudenz (aber auch »empirische« Psychologie und Soziologie, Verhaltenstherapie)	Psychologie, Sozialwissenschaften, Psychoanalyse	Wissenschaftliche Basis
Techniken (Operation, Medikament, Sakrament), Ratschläge (»Sie müssen das Rauchen einstellen!« »Sie müssen beten!«)	Einsicht vermitteln, Selbsterfahrungsprozesse einleiten, »korrigierende emotionale Erfahrung«	Praktisches Vorgehen
Rational, autoritär. »Harte Daten«, z. B. Statistik, Fragebogen, Doppelblindversuch, »Erklären«	Gefühle werden einbezogen. Qualitativ-beschreibend. Fallgeschichte, Deutung – »Verstehen«	Methodische Orientierung

noch bezeichnender, ist die Reaktion des Arztes auf den Therapieabbruch von seiten des Patienten. Gefühle und Reaktionen von Kränkung und Wut gehen dann leicht ineinander über: Der Kranke wird »gegen Revers« entlassen. Er wird damit bedroht, daß sein unkooperatives Verhalten der Krankenkasse gemeldet werde. Düstere Prognosen werden ihm mit auf den Weg gegeben. In der Psychiatrie war es früher nicht selten, daß unkooperative Patienten zu »ihrem Besten« mit Gerichtsbeschluß zurückgehalten wurden.

Der schwierige suizidale Patient ist gleichsam ein Prototyp des unzuverlässigen Patienten, der die angebotene Hilfe – zumindest potentiell – in den Wind schlägt. Zugleich ist die Behandlung des Suizidalen eine Herausforderung an den Helfer – eine Herausforderung, die auch den Arzt zwingt, den Schutz der klassischen Helferrolle zu verlassen und sich den Unsicherheiten der »neuen« Helfer voll auszusetzen. Die Konflikte, die daraus erwachsen, habe ich oben in Anlehnung an ROTOV (1970) dargestellt. Sie führen nicht selten zu dem, was als »Gegenübertragungskrise« (TABACHNICK 1961), ja als »Gegenübertragungshaß« (MALTSBERGER und BUIE 1974) in die Literatur über die Behandlung suizidaler Patienten eingegangen ist.

2. Therapeutenpersönlichkeit und Suizid

Patienten, die einen Suizidversuch unternommen haben, lösen bei vielen Mitgliedern helfender Berufe, zwiespältige Gefühle aus, bei manchen offene Ablehnung. Das wird in der allgemeinen Medizin deutlicher als in der Psychiatrie. Einige Beispiele sollen das unterstreichen:

Vor kurzem kam eine Frau in meine Sprechstunde. Ein Chirurg hatte ihr nach einem untauglichen Suizidversuch, der zu oberflächlichen Hautverletzungen an den Unterarmen geführt hatte, beide Handgelenke eingegipst. Sie war praktisch hilflos.

Ein anderes drastisches Beispiel berichtet Ch. Reimer (1981):

»Ich erinnere einen Bereitschaftsdienst in einem Universitätsklinikum. An jenem Samstagabend wurde ich in eine Chirurgische Klinik gerufen: Der diensthabende Psychiater möge sich in der Chirurgischen Unfallambulanz melden. Dort fand ich eine junge Frau vor, Anfang 20, die sich nach einem Streit mit ihrem Freund Schnittwunden im Bereich des linken Handgelenks beigebracht hatte. Das Gespräch mit ihr fand in einem Zimmer der Klinik statt, wurde aber bereits nach etwa fünf Minuten gestört. Herein kam ein älterer Oberarzt der Klinik, grüßte mich kurz und bekam dann völlig unvermittelt einen heftigen aggressiven Ausbruch gegenüber der Patientin, verkappt dargestellt etwa des Inhaltes: Solche Leute wie sie wolle man hier gar nicht haben, und wenn sie schon so etwas wie einen Suizidversuch mache, dann solle sie es auch richtig machen. Er sei gern bereit, ihr am Hafen ein Geschäft zu nennen, wo sie sich einen ordentlichen Strick kaufen könne; mit dem könne sie sich dann zu Hause auf ihrem Dachboden aufknüpfen.«

Solcher Ablehnung der Suizidpatienten durch die Helfer steht in vielen Fällen die Ablehnung des »geretteten« Kranken nach dem Suizidversuch gegenüber. Er läßt die gebührende Dankbarkeit vermissen. Er bestreitet die Legitimation des Helfers. Er beharrt darauf, daß man ihn hätte sterben lassen sollen. Er kündigt entschlossen in vagen Andeutungen eine Wiederholung an, die man ohnehin nicht verhindern könne.

Ohne Zweifel rührt der suizidale Patient an den Grundsätzen ärztlicher Überzeugung. Oberstes Ziel ärztlicher Tätigkeit ist es, Leben zu erhalten. Der Patient nach dem Suizidversuch tritt in die therapeutische Beziehung ein, nachdem er dieses Ziel gründlich und »mutwillig« in Frage gestellt hat. Der suizidale Patient weist somit destruktive Tendenzen auf, die sich gegen die berufliche Identität des Therapeuten wenden. Er löst Unsicherheit, Angst und Abwehr aus, wenn der Therapeut sich dessen nicht bewußt wird.

125

Zugleich kommt die eigene Stellung des Therapeuten zu Leben und Tod zum Tragen. Es besteht heute kein Zweifel mehr, daß sie bei den Angehörigen helfender Berufe, insbesondere bei medizinischem Personal, ziemlich komplex ist. Die Angst vor dem Tod und der Wunsch, ihn zu beherrschen, spielen bei der Berufswahl eine wichtige Rolle. Damit wird die Suizidalität auch zu einer Bedrohung der persönlichen Identität des Helfers. REIMER (1981) erklärt die häufigen emotionalen Spannungen zwischen Helfer und Suizidant damit, daß beide emotionale Gemeinsamkeiten haben:

»Ich denke, beide haben ein hohes Ausmaß an Empfindlichkeit und narzißtischer Labilisierbarkeit, das vom Helfer mit Hilfebereitschaft einerseits und Macht- bzw. Allmachtsaspekten seines Berufes andererseits besser kompensiert werden kann. Ferner ist vermutlich beiden gemeinsam die Problematik der adäquaten Äußerung und Abfuhr von Aggressionen bzw. narzißtischer Wut. Dem Suizidanten »gelingt« dies vielleicht noch besser, wenn auch nur autodestruktiv. Ferner scheint beiden gemeinsam eine Neigung zu depressiven Reaktionen und süchtigen Verhaltensweisen, d. h. zu Resignation und Rückzug, zu sein. Diese drei Punkte sind sozusagen der *unbewußte Aspekt der Gemeinsamkeit*.«

Die hohe Suizidrate von Medizinern, insbesondere aber jene von Psychiatern und die erhöhte Neigung zu Depressionen und süchtigem Verhalten unterstreichen die Zwiespältigkeit von Therapeuten in der Begegnung mit dem Suizidalen, zumal diese Befunde im Widerspruch zum Idealbild des Arztes stehen, der »seelisch stabil, immer hilfsbereit sein und jeder Anforderung standhalten« soll (REIMER 1981).

»Der Suizidant ist, wenn er mit dem Helfer konfrontiert wird, dann unter Umständen ein ›Aufreißer‹, von dessen Abwehr und insofern ein ›Agent provocateur‹, der bekämpft werden muß, auch weil er damit dem Helfer zu nahe tritt, was diesem ja von seinem Rollenverständnis meist nur umgekehrt vorstellbar ist. Diese Art von ›Erinnern‹ an die eigenen Verletzlichkeiten kann für den Helfer eine schwere Kränkung darstellen und zu heftigen Übertragungs- bzw. Gegenübertragungsreaktionen führen.«

Die Begriffe von Übertragung und Gegenübertragung, die der Sprache und dem therapeutischen Rahmen der Psychoanalyse entstammen, werden hier in allgemeinerer Weise benützt. Sie umreißen die emotionalen Reaktionen, die in jeder Patient-/Therapeuten-Beziehung auch außerhalb des psychoanalytischen Settings wirksam werden. Negative Gegenübertragungsreaktionen, die dem Therapeuten nicht als solche bewußt sind, scheinen im Umgang mit dem Patienten-suizid häufig zu sein. R. Queren (1983) begegnete ihnen bei ihrem Versuch, die Patient-/Therapeuten-Beziehung bei gelaufenen Suiziden zu analysieren, den vielfältigen Erscheinungsformen:

»Angefangen beim gar nicht Wissen bzw. Sagenwollen, wann und wo ein Suizid sich ereignet hat, was sich bei mir in Passivität, bei den betroffenen Therapeuten teilweise im Vergessen oder Umgehen der Mitteilungspflicht äußerte, bis zum Ausweichen vor dem Dokumentieren...«

Auf der anderen Seite ist die Problematik für den Außenstehenden gut sichtbar. Mit einer Ausnahme, die mangelhaft dokumentiert ist,

»befanden sich in allen übrigen Fällen Patient und Therapeut in einem mehr oder weniger heftigen Clinch miteinander. So verschieden es auch im Einzelfall aussah, gemeinsam ist allen Beispielen, daß es dem Patienten gelingt, durch spezifische Angriffe auf den Therapeuten in diesem negative Gefühle und Einstellungen ihm gegenüber zu provozieren.«

Solche negativen Gefühle müssen, wenn sie nicht in die Therapie integriert werden können, dazu beitragen, die Suizidgefährdung der Patienten zu erhöhen. Die Ablehnung durch die Therapeuten drängt sie weiter in die präsuizidale Sackgasse von Verzweiflung und Hoffnungslosigkeit ab. Man wird die Entwicklung solcher Gefühle nicht verhindern können. Wichtig ist es, sie rechtzeitig als Gegenübertragung zu erkennen und entsprechend zu bearbeiten. Wie es zur Entwicklung von »Gegenübertragungshaß« kommt und wie er sich auswirkt, hat C. REIMER (1981) in Anlehnung an MALTSBERGER und BUIE in einer statistischen Übersicht zusammengefaßt.

Als unsere Assistenzärzte im Zusammenhang mit einer Suizidserie in unserer Klinik die Krankengeschichten einer Gruppe von Patienten durcharbeiteten, die sich das Leben genommen hatten, stellten sie zu ihrer und unserer Überraschung fest, daß die Patienten ohne Ausnahme nicht nur von den behandelnden Ärzten emotional abgelehnt worden waren, sondern daß sie auch auf der Station isoliert waren. Sie hatten unter den Mitarbeitern keinen Fürsprecher mehr gehabt. Zum Teil waren sogar die Mitpatienten gegen sie eingenommen gewesen.

In Einzelfällen ist der Zorn der Therapeuten eindrucksvoll im Krankenblatt dokumentiert:

Beispiel
Folgendes Beispiel dokumentiert die allgemeine Ablehnung einer zweiundsechzigjährigen Patientin mit einer chronifizierten affektiven Psychose, deren Mutter und Großmutter durch Suizid gestorben waren, anläßlich ihrer letzten Aufnahme. Ihre Situation spitzte sich zu, als sich ihr Ehemann weigerte, sie über das Wochenende nach Hause kommen zu lassen. Er meinte, er wolle seine Frau erst zurückhaben, wenn sie gesund sei. Sie würde ständig ziellos herumlaufen und Selbstmordgedanken äußern. Die Tochter fühlte sich von der Mutter belästigt, weil sie sie ständig anrufe. Sie verweigerte ihr ihre neue Telefonnummer. Im Zusammenhang mit diesem Gespräch protokolliert der Stationsarzt, er habe der Patientin deutlich gemacht, wenn sie nun hier nicht mehr ganz gesund werde, dann müsse sie eben in ein Heim und das würde ein teurer Spaß! Die unverhohlene Wut des Stationsarztes und die Verhärtung von Mann und Tochter sind unübersehbar.

Ein weiteres Beispiel möge zeigen, wie eine ganze Station in den Bann einer ablehnenden Gegenübertragung gerät:

Aufbau und Wirkung von Gegenübertragungshaß bei der Behandlung suizidaler Patienten (nach Maltsberger, J. T. und D. H. Buie, 1974; Reimer 1981)

Abwehr	Bewußte Phantasie des Therapeuten	Erlebter Affekt	Potential für »Acting Out«
Keine	Mord, Marter, Abweisung	Haß	gering
Verdrängung von Haß	Wunsch, irgend-woanders zu sein, Konzentra-tionsschwierig-keit auf das, was Pat. sagt	Ruhelosigkeit, Angst, Schläfrig-keit, Erfahrung eines geringen Affektes gegen-über dem Pat.	Tendenz, auf die Uhr zu sehen, un-geduldig zu sein, indirekte Über-mittlung einer leichten Abwei-sung
Wendung des Hasses gegen sich selbst	Impuls, aufzuge-ben. Phantasien von Selbstent-wertung und Degradierung. Suizidgedanken	Gefühl von Wert- und Hoff-nungslosigkeit; deutliches Gefühl von Unfähigkeit	Pat. irgendwoan-ders hinschicken; in masochistischer Weise die Entwer-tung durch den Pat. ohne weitere Nachforschungen akzeptieren
Verkehrung des Hasses ins Ge-genteil (Reak-tionsbildung)	Wunsch, den Pat. von der Bin-dung an ihn zu lösen	Gefühl von ängstlicher Ein-samkeit, Drang zu helfen und zu heilen	Einmischung in die Angelegenhei-ten des Pat., zu häufiges Nachfra-gen nach Suizid-impulsen
Projektion des Hasses	Der Pat. ist da-bei, sich selbst zu töten. Der Pat. will mich töten	Furcht, leichter Haß	Verstoßung des Pat.; Versuche, suizidales Verhal-ten durch aufge-zwungene Kon-trollen zu kontrol-lieren
Verschiebung und Verleug-nung	Pat. ist jenseits jeder Hilfe	Gleichgültigkeit, Mitleid, Resi-gnation	Verstoßung des Pat.

Beispiel

Als ich eine geschlossene Aufnahmestation besuche, klopft eine junge Frau immer wieder an die Glastür des Stationsdienstzimmers. Niemand schenkt ihr Beachtung. Als ich dieses ungewöhnliche Verhalten anspreche, meint der verantwortliche Pfleger: »Die müssen Sie nicht beachten. Die agiert hier ganz wild herum. Sie setzt uns ständig unter Druck. Vor ein paar Tagen mußten wir sie sogar von den Bahngleisen holen. Eine Taxifahrerin hat uns alarmiert. Aber wir nehmen das nicht so ernst.«

Ich war beunruhigt. Ein Gespräch mit der Patientin ergab, daß ihr Freund, ein Mitpatient, sich erst einige Wochen vorher vor den Zug geworfen hatte. Sie bot eine deutliche psychotische Ambivalenz. Sie suchte zu allen Kontakt und wurde, weil sie keinen Abstand halten konnte, von fast allen zurückgewiesen. Sie überspielte ihre depressive Verstimmtheit mit diesem scheinbar kontaktfreudigen Verhalten. Sie äußerte konkrete Suizidgedanken. Sie würde sich vor den Zug werfen. Sie war hoffnungslos im Hinblick auf ihre Zukunft.

Als Außenstehender hielt ich sie für schwer gefährdet. Meine erste Reaktion war: Sind die hier auf der Station von allen guten Geistern verlassen! Als ich das ansprach, kam zunächst die Entgegnung: »Sie müssen sich täuschen; die agiert nur.« Es kam aber auch die spontane Antwort: »Wir können die Frau einfach nicht mehr ertragen! Seit Wochen geht es rauf und runter. Immer stellt sie unangemessene Forderungen; und wenn wir nicht tun, was sie will, droht sie mit Suizid. Wir können sie nicht mehr aushalten, und wir können sie nicht mehr ernstnehmen.«

In einem anschließenden Teamgespräch wurde dieser Gefühlsausbruch zum Anlaß genommen, die Beziehung der Mitarbeiter, einschließlich der Ärzte, zur Patientin zu klären. Das Phänomen des Gegenübertragungshasses wurde transparent gemacht und konnte bearbeitet werden. Die Therapeuten konnten der Patientin wieder unvoreingenommen gegenübertreten. Sie erkannten den Ernst ihrer Gefährdung an. Ein wenig später besserte sich der Gesamtzustand der Patientin. Die Suizidgefährdung klang ab. Sie konnte einige Wochen danach entlassen werden. Die Station, auf der sich die geschilderte Szene abspielte, gilt als eine der bestgeführten im Hause.

Gefahren übergroßer Hoffnung

R. QUEREN meint aufgrund ihrer Berliner Analyse, die Gefahr, in therapeutischen Clinch zu geraten, sei bei bestimmten Patienten besonders groß. Dazu gehörten intelligente junge Männer und Frauen, die an sich gute Voraussetzungen für die Behandlung mitbringen und beim Therapeuten große Hoffnungen erwecken, daß sie helfen können, ohne daß dies in Wirklichkeit der Fall ist:

»Die gleichzeitig signalisierte große Hilfebedürftigkeit des Patienten kann beim Therapeuten Angst vor der eigenen Hilflosigkeit auslösen (je eher, je sozial näher ihm der Patient steht), die dieser mit verstärkten therapeutischen Anstrengungen versucht anzugehen. Die Erwartungen sind auf beiden Seiten so unrealistisch, daß damit die Konflikte vorprogrammiert sind: über kurz oder lang muß die Enttäuschung eintreten. Der Patient wirft dem Therapeuten Unfähigkeit vor, entwertet ihn und seine Arbeit, will nichts mehr von Therapie wissen, wobei er den Therapeuten an einem zentralen Punkt trifft.«

Eine solche Infragestellung der therapeutischen Kompetenz kann heftige Gegenreaktionen hervorrufen. R. QUEREN fand ebenso wie wir in ihren Krankenblättern entsprechende vorwurfsvolle oder abwertende Bemerkungen über die betreffenden Patienten. Wie in unserem Beispiel verstärken die Therapeuten den Druck auf den Patienten zwar aus dem eigenen Erfolgsbedürfnis heraus, um so mehr, je mehr Angst sie selber hatten.

»Er versucht, sein therapeutisches Konzept auch mit Zwang durchzusetzen, sei es durch überforderndes Deuten oder durch erzwungene Medikamentengabe oder starkem Rehabilitationsdruck. Welch großes Tabu die eigenen Reaktionen des Therapeuten gegenüber dem Patienten darstellen, zeigte sich nicht zuletzt darin, daß in unserem Beispiel der Suizid in der Krankengeschichte nicht erwähnt wird und damit auch der vorausgegangene Zweikampf verleugnet wird.«

3. Positives und negatives Abwendungsverhalten

Maltsberger und Buie (1974) wie auch Henseler und Reimer (1981) berichten über den Gegenübertragungshaß im Zusammenhang mit Patienten, deren Suizidgefährdung bekannt ist. Es spricht vieles dafür, daß Gegenübertragungsphänomene auch bei Patienten mit nicht bekannter Suizidalität zum Tragen kommen. Mitterauer (1981/1986) spricht davon, daß der gefährdete Patient, der uns seine Suizidalität verbergen will, unser Urteilsvermögen einschläfert. Er tue dies, indem er uns in ein Abwendungsverhalten hineinmanipuliere. Dies geschehe in doppelter Weise:
1. Abwendung in positivem Sinn werde erreicht, wenn die Patienten durch einen plötzlich gebesserten Zustand das Personal beruhigen.
2. In negativem Sinn werde eine Abwendung erreicht, indem die Patienten permanent durch ein unersättlich forderndes und hemmungsloses Verhalten die soziale Umgebung verärgern oder zumindest zur Resignation zwingen.

Für Mitterauer ist dies einer der Gründe dafür, weshalb die Gefährdung bei vielen psychiatrischen Patienten, die sich während der Behandlung das Leben nehmen, nicht bekannt ist. Für Dean (1967) ist der Patient der handelnde, der den Suizid vom Therapeuten »ungestört« durchführen will. Ich halte es für ebenso wahrscheinlich, daß die Eskalation einer negativen emotionalen Beziehung zwischen Patienten und Therapeuten das erhöhte Suizidrisiko erst heraufbeschwört. Der Kranke erfährt Ablehnung statt Hilfe. Er erlebt Isolierung statt Geborgenheit. Seine Verzweiflung und seine Hoffnungslosigkeit werden nicht aufgefangen.

Auch in unseren Befunden werden feindselig Gegenübertragungsreaktionen immer wieder gegenüber solchen Patienten sichtbar, bei denen eine aktuelle Suizidalität nicht bekannt
war. Wir müssen daraus die Schlußfolgerung ziehen, daß die
ablehnende Gegenübertragung nicht nur eine bekannte Begleiterscheinung der Therapie suizidaler Patienten ist. Sie ist
auch umgekehrt ein Risikofaktor, der Suizidgefährdung unter Umständen erst aufkommen läßt.

4. Die Provokation der Abwehr

FARBEROW und SHNEIDMAN (1965) beschreiben in ihrer
richtungsweisenden Arbeit über Kliniksuizide schizophrener
Kranker drei Patiententypen als besonders gefährdet, die
ohne Ausnahme die Ungeduld der Therapeuten herausfordern müssen: den sich verweigernden, den abhängig-zufriedenen und den abhängig-unzufriedenen Patienten. Das ist
besonders bemerkenswert, weil FARBEROW und SHNEID-
MAN sich von ihrem Ansatz her um die Typisierung gefährdeter Patientengruppen bemühen. Die Frage, wie diese möglicherweise auf die Behandelnden wirken, ist für sie zunächst
ohne Bedeutung. Die drei Patiententypen seien im folgenden
zusammenfassend dargestellt. Der Leser möge in sich hinein-
horchen, welche Reaktionen die Lektüre in ihm auslöst.

1. Der sich verweigernde Patient

Dieser Patient wehrt sich zunächst gegen die Aufnahme im
Krankenhaus. Aber wenn er bleiben muß, muß man ihm
Hoffnung machen, daß er wieder entlassen wird. Die Zuver-
sicht auf die Rückkehr in seine Umwelt ist wichtig für ihn.
Wenn sein Zustand sich bessert, kann das Suizidrisiko stei-
gen. Wenn es ihm so gut geht, daß er Ausgang und Urlaub
erhalten oder daß er entlassen werden kann, darf er nicht in
eine belastende Umgebung entlassen werden.
Er will das Krankenhaus verlassen, weil es ihm bessergeht.

Aber das bedeutet nicht, daß er die Belastungen bewältigen kann, die ihn außerhalb erwarten. Eine sorgfältige Abschätzung seiner häuslichen Situation muß getroffen werden. Wenn diese nicht zufriedenstellend ist, muß nach Alternativen gesucht werden. Es muß betont werden, daß der sich verweigernde Patient sich nicht nur gegen die Krankenhausbehandlung sperrt. Seine gesamte Vorgeschichte ist gekennzeichnet durch Ruhelosigkeit, forderndes, impulsives und ggf. aggressives Verhalten. Wenn er in eine belastende Umgebung zurückkehrt, kann dieses gefährliche Verhaltensmuster wieder zum Tragen kommen.

2. Der abhängig-zufriedene Patient

Dieser Patient erscheint nicht als suizidal, solange er im Krankenhaus verbleibt. Aber wenn Ängste und Spannungen im Zusammenhang mit Ausgang, Beurlaubung oder Entlassung auftauchen, steigt das Suizidrisiko. Bei dem Patiententypen täuscht man sich oft über das Ausmaß seiner Gefährdung, wenn sich sein Zustand innerhalb des Krankenhauses unter neuroleptischer Behandlung bessert. Er kann dennoch nicht ohne Risiko beurlaubt oder entlassen werden. Er bedarf des Krankenhauses zum Schutze seiner selbstzerstörerischen Impulse (und in der Regel bittet er auch um diesen Schutz), bis er allmählich in eine andere beschützende Umgebung entlassen werden kann, die ihm angemessen ist, oder er bessere neue Formen der Abwehr gegen Streß außerhalb des Krankenhauses erlernt hat. Unabhängig davon, wie unterstützend und beschützend das Milieu zu Hause zu sein scheint, ist es ein Risiko, den Patienten aus dem Krankenhaus zu entlassen, wenn der Patient darüber ängstlich und gespannt ist.

3. Der abhängig-unzufriedene Patient

Der klagsame, depressive, ruhelose, Aufmerksamkeit hei-
schende, übermäßig abhängige Patient vermittelt durch sein
Verhalten ein verzweifeltes Flehen nach emotionaler Sicherheit, Bestätigung und Aufmerksamkeit. Er tut das unablässig
– und wenn er die Hilfe, die er verlangt, nicht erhält, besteht
in der Tat ein großes Suizidrisiko. Er wird sich dann mit einiger Wahrscheinlichkeit im Krankenhaus suizidieren. Seine
Suiziddrohungen mögen darauf ausgerichtet sein, Aufmerksamkeit zu erlangen.

Aber dies bedeutet nicht, daß er sich nicht suizidieren
wird, wenn er keine Erleichterung erfährt. Wenn er innerhalb
des Krankenhauses oder außerhalb nicht zufriedengestellt
werden kann, gibt es für ihn keinen Ort, an den er sich wenden könnte. Seine Selbstmordgedanken oder -drohungen
müssen ernstgenommen werden. Sicherheitsmaßnahmen
sollten getroffen werden. Zeitweilige Maßnahmen zur Reduktion der Suizidgefährdung sind die folgenden: medikamentöse Neueinstellung, Zuweisung eines Bezugstherapeu-
ten, Vermittlung von außergewöhnlicher Zuwendung, wie er
sie verlangt; vor allem aber Sympathie und Verständnis, obwohl er dies durch sein Verhalten seiner Umgebung äußerst
schwer macht. Langfristig gelingt die Kontrolle seines suizidalen Verhaltens durch therapeutische Überwindung seiner
Unzufriedenheit, seine Eingliederung in die Krankenhaus-
umgebung. Dann gelten dieselben Leitlinien zur Kontrolle
seines suizidalen Verhaltens wie für die abhängig-zufriedenen
Patienten.

5. Supervision und Kontrolle

In den vorangehenden Abschnitten habe ich gezeigt, daß
Therapiefehler zur Suizidgefährdung psychisch Kranker in
Klinik und Praxis beitragen können. Diese bestehen zum
einen in handwerklichen Irrtümern: in Fehleinschätzungen

135

bei der Diagnostik, bei der Wahl des Therapieverfahrens oder im Hinblick auf die Belastbarkeit des Kranken. Sie bestehen zum anderen in der Fehlwahrnehmung psychisch-dynamischer Zusammenhänge, die ihre Wurzel vorrangig in der gestörten Gegenübertragung zum gefährdeten Patienten haben. Vieles spricht dafür, daß auch Fehler, die scheinbar rein handwerklicher Natur sind, durch eine gestörte emotionale Beziehung zum Kranken mitbedingt sind. Daraus läßt sich ableiten, daß Einzeltherapeuten und therapeutische Teams, die öfter oder über längere Zeit mit offen oder potentiell suizidgefährdeten Kranken arbeiten müssen, der Unterstützung bedürfen. Sie müssen Gelegenheit bekommen, das eigene Verhalten kritisch zu reflektieren. Zugleich bedarf ihre Tätigkeit der Kontrolle durch einen mehr oder weniger Außenstehenden. Dazu bieten sich zwei bewährte, mittlerweile fast klassische Instrumente an: Kontrolle durch den Oberarzt und Supervision im Balint-Stil und natürlich die Einzelsupervision.

Die *Oberarztvisite* ist in der Regel zugleich Ausbildungs- und Kontrollveranstaltung. So wichtig die Weiterbildung der Assistenzärzte ist, der Kontrollaspekt darf nicht zu kurz kommen. Die Visite dient der Sicherung der Diagnose. Sie ist eine Zweitsicht im Hinblick auf die Einschätzung von Psychopathologie und Psychodynamik. Sie versucht zur Klärung der Prognose, möglicher Gefährdungsfaktoren und der Belastbarkeit des Patienten beizutragen. Sie setzt Richtlinien für das therapeutische Vorgehen. Der Oberarzt verläßt sich dafür nicht nur auf den persönlichen Eindruck und auf die Schilderung des verantwortlichen Arztes und anderer Stationsmitglieder des Stationsteams. Anhand der Dokumentation kontrolliert er den bisherigen Verlauf und überprüft die Konsistenz des jetzigen klinischen Bildes mit den in der Krankengeschichte niedergelegten Vorbefunden. Als teilweise Außenstehender hat er auch die Chance, gestörte Beziehungen zwischen Teammitgliedern und dem Patienten wahrzunehmen. Wenn all dies geschieht, ist ein hohes Maß von Sicherheit gewährleistet.

Die *Supervision* im Balint-Stil dient dazu, daß die Behan-delnden ihre Art des Vorgehens im Kreis von Kollegen unter Leitung eines psychodynamisch geschulten Supervisors vor-tragen können. Auch die Supervision hat zwei Funktionen. Sie dient der Schulung. Zugleich soll sie dem Therapeuten konkret helfen, größere Einsicht in die psychodynamischen Prozesse zu gewinnen, die in der Interaktion zwischen ihm und dem Patienten ablaufen. Insbesondere Phänomene von Übertragung und Gegenübertragung können im Balint-Se-minar erhellt werden. Dabei geht es nicht nur um negative Gefühle. Auch eine zu große Nähe zwischen dem Therapeu-ten und dem Patienten können den Blick verstellen und zu negativen Konsequenzen führen.

Leider ist die Möglichkeit der Teilnahme an Supervisions-veranstaltungen in den meisten Kliniken auf Ärzte, Psycho-logen und Sozialarbeiter begrenzt. Mitarbeiter des Kranken-pflegedienstes haben nur selten die Möglichkeit, auf diesem Wege Einsicht in die psychodynamischen Aspekte ihrer all-täglichen Auseinandersetzungen und Reibereien mit schwie-rigen Patienten zu gewinnen. Ihre Teilnahme ist nicht nur un-ter dem Aspekt der Suizidprophylaxe dringlich, sondern auch unter dem Gesichtspunkt einer effizienteren Behand-lung und eines weniger aufreibenden beruflichen Alltages. Andererseits ist der therapeutische Umgang mit chronisch suizidalen Kranken ohne Supervision auf die Dauer kaum vorstellbar.

8 Suizid in der Klinik: institutionelle Rahmenbedingungen

1. Veränderungen suizidalen Verhaltens im Krankenhaus

In früheren Jahren hat man versucht, »selbstmordsichere« psychiatrische Klinikstationen zu bauen. Fenster, Türklinken und Badezimmerarmaturen wurden so gestaltet, daß man sich daran nicht erhängen konnte. Die Intimsphäre wurde durch die Möglichkeit der Sichtüberwachung in großen Sälen weitgehend aufgehoben. Selbst Toiletten und Waschräume waren nicht nur für die Betreuer, sondern auch für die Mitpatienten einsehbar. Die Einschätzung solcher institutioneller Versuche zur Vermeidung des Patientensuizids hat sich in den vergangenen Jahrzehnten geändert. Zum einen ist dem Recht des Patienten auf eine Intimsphäre ein größerer Stellenwert eingeräumt worden. Zum anderen hat sich gezeigt, daß solche mechanistischen Ansätze zur Suizidprophylaxe nur begrenzten Erfolg haben.

Wenn man allen Kranken den Gürtel, die Schnürsenkel, die Krawatten, den Nagelreiniger, das Kabel des Trockenrasierers oder die Rasierklingen entzieht, erreicht man eine Entwürdigung der Kranken. Man erhöht ihr Elend. Schlimmstenfalls das Suizidrisiko, indem man das Gefühl der Hoffnungslosigkeit durch das Milieu auf der Station steigert. Die Sicherheit verbessert man nur in sehr begrenztem Umfang. Wachsaalsuizide sind zwar verhältnismäßig selten. Aber sie kommen immer wieder vor. Kranke erdrosseln sich mit dem

138

Stecktuch ihres Bettes, mit dem Flügelhemd, mit dem zusammengedrehten Pyjama, oder sie finden auf irgendeine Weise Zugang zu Glasscherben – wenn sie fest zum Suizid entschlossen sind.

Es spricht einiges dafür, daß die Dauerüberwachung aller Kranken der gezielten Zuwendung zu sichtbar gefährdeten Patienten unterlegen ist.

Architektonische Vorsorgemaßnahmen beschränken sich heute in der Regel darauf, Konstellationen zu vermeiden, die zum Suizid herausfordern: Offene hohe Häuser, ungeschützte Balkons, der freie Zugang zu Hochhausdächern, festinstallierte stabile Haken und Duschgestänge in Schlaf- und Waschräumen. Die bauliche Gestaltung der Kliniken trägt damit der Tatsache Rechnung, daß die meisten Patientensuizide sich heute ohnehin außerhalb der Station ereignen.

Veränderte rechtliche Bedingungen

Im übrigen geht es oft um Patienten, die nicht als suizidgefährdet eingeschätzt werden und damit ohnehin Zugang zu allen möglichen Suizidmitteln haben. Die Suizidprophylaxe mit institutionellen Mitteln konzentriert sich heute in erster Linie auf organisatorische Maßnahmen, wie die Ausschöpfung der Möglichkeiten einer differenzierten Beaufsichtigung im Wachsaal, auf offener und geschlossener Station. Der Würde des suizidgefährdeten Patienten wird Rechnung getragen. Zwangsmaßnahmen haben die Ausnahme zu bleiben.

Dazu paßt auch, daß ein immer größerer Teil der Patienten freiwillig im psychiatrischen Krankenhaus zur Aufnahme kommt und dort bleibt. Die Kriterien für freiheitsentziehende Maßnahmen werden durch Psychisch-Kranken-Gesetze (PsychKG) und Obergerichtsurteile immer enger gezogen. Eine Auseinandersetzung mit dem Kranken über seine mögliche oder manifeste Suizidgefährdung ist unabdingbar. Die Bemühungen um die Suizidprophylaxe haben dieser veränderten Rechtslage Rechnung zu tragen. Anstelle der Einschließung des Suizidgefährdeten, tritt heute nicht selten die Bitte an den Patienten, die Station nicht zu verlassen.

Restriktionen als Ausnahme

In der Tat ist ja die akute Suizidgefährdung während der Behandlung im psychiatrischen Krankenhaus eher die Ausnahme. Sie ist erkennbar. Sie ermöglicht individuell abgestimmte Maßnahmen von der medikamentösen Sedierung über die Sichtüberwachung im Wachsaal zur vorübergehenden Fixierung, die allerdings auf verzweifelte Ausnahmefälle begrenzt bleiben muß.

Nur die sichtbare und konkrete Suizidgefährdung rechtfertigt restriktive Maßnahmen gegen den Willen des Patienten. Daß diese durch einen gerichtlichen Unterbringungsbeschluß abgesichert sein müssen, versteht sich von selbst. Der Krankenhausbetrieb muß so organisiert sein, daß suizidrisikofördernde Situationen vermieden werden, daß ein neu entstehendes Suizidrisiko möglichst erkennbar wird und daß das therapeutische Milieu bei unbeobachtet entstehender Suizidgefährdung durch Vermittlung von Geborgenheit, Zuverlässigkeit und Berechenbarkeit für die Patienten ein Netz aufbaut, in dem vorübergehende Krisen und Frustrationserlebnisse, Enttäuschungen und einschießende Gedanken von Hoffnungslosigkeit und Verzweiflung aufgefangen, mitgeteilt, erkannt und behandelt werden können.

2. Organisatorische und institutionelle Aspekte

Ich will versuchen, die organisatorischen und institutionellen Möglichkeiten der Suizidprophylaxe im psychiatrischen Krankenhaus anhand der Patientenkarriere nachzuvollziehen.

Die Aufnahmesituation

Die Aufnahme im psychiatrischen Krankenhaus ist für den Patienten ein dramatisches Ereignis. Wenn er freiwillig kommt, hofft er auf Hilfe, aber Angst vor dem Ungewissen, das ihm bevorsteht, hat er dennoch. Kommt er unfreiwillig, ist immer eine krisenhafte Zuspitzung vorausgegangen, die die Formel der Unterbringungsgesetze, einer »akuten Selbstgefährdung« oder einer »dringenden unmittelbaren Gefahr für die öffentliche Sicherheit und Ordnung« umschließt. Wenn die Krankheit selber nicht mit Angst verbunden ist, sind die Umstände der Aufnahme es gewiß.

Aufgabe des aufnehmenden Arztes und der Mitarbeiter der Aufnahmestation ist es, zur Entängstigung beizutragen; Entgegenkommen und Hilfsbereitschaft zu zeigen und den Kranken mit der Stationsumgebung vertraut zu machen, die heute in der Regel nicht mehr so schrecklich ist, wie er es sich in seiner Angst vorgestellt hat. Ihm ist deutlich zu machen, daß die Katastrophe, die er erlebt hat, reparierbar ist, und – das scheint für viele Kranke außerordentlich wichtig zu sein – daß er nicht auf Dauer, wahrscheinlich nur kurze Zeit in der Klinik verbleiben muß.

Die Abschätzung der Suizidgefährdung

Ein Teil des Aufnahmegespräches ist der Versuch, die mögliche Suizidgefährdung abzuschätzen. Sie muß und kann angesprochen werden. Gerade wenn eine Gefahr besteht, reagieren Patienten auf die Frage in der Regel nicht mit Abwehr, sondern mit Erleichterung. Zur Abklärung gehört die Frage nach früherem suizidalem Verhalten und nach Suiziden und Suizidversuchen in der Familie oder im Bekanntenkreis. Auch bei relativer Sicherheit, daß keine Suizidgefährdung vorliegt, gehört zur Vorbeugung die Absprache, daß der Patient am Aufnahmetag die Station nicht allein oder ohne Absprache verläßt. Kliniken handhaben das sehr unterschiedlich. In manchen gilt eine solche Absprache bis zum Ablauf des zweiten oder dritten Tages. Das gibt den Mitgliedern des Stationsteams eine Möglichkeit, sich ein sicheres Urteil zu bilden.

In unserem Krankenhaus wird seit einigen Jahren bei allen Patienten der Aufnahmestationen eine tägliche routinemäßige Abschätzung der Suizidgefährdung aufgrund von klinischen Kriterien vorgenommen und dokumentiert. Der Stationsarzt und der Schichtführer des Pflegeteams gehen kurz und konzentriert die Liste der Patienten durch. Auf diese Weise wird sichergestellt, daß kein Patient aus dem Blickfeld gerät.

Offene oder geschlossene Station

Die Entscheidung, ob ein Patient auf eine offene oder geschlossene Station eingewiesen wird, erfolgt zwar auch unter dem Blickpunkt einer möglichen Suizidgefährdung. Der häufigere Grund ist, daß man sicherstellen will, daß ein Patient sich nicht unbeobachtet entfernt. Patienten mit akuter Suizidalität, die überwachungsbedürftig sind, werden selbstverständlich auf der geschlossenen Station aufgenommen. Bei latenter Suizidgefährdung ist die Entscheidung für die Auswahl der Station eher die Frage der Absprachefähigkeit: Ist der Patient in der Lage, sich auf ein Bündnis mit den Therapeuten einzulassen und mit diesen getroffene Absprachen zu halten?

Nicht selten hat der aufnehmende Arzt keine Wahl. Viele Patienten sind bereit, sich auf einer offenen, nicht aber auf einer geschlossenen Station behandeln zu lassen. Das Risiko, daß damit eine Verweigerung der Aufnahme verbunden wäre, ist dann meist größer als das der Behandlung auf der offenen Station.

Offene Stationen vermitteln den Patienten häufig nicht nur größere Freiheit. Sie sind in ihrem äußeren Rahmen auch weniger verbindlich. Das kann zu Vereinsamung und Isolierung führen. Gerade auf offenen Stationen muß immer wieder überprüft werden, wieviel Schutz, Geborgenheit und Verbindlichkeit sie ihrem Patienten vermitteln. Die Kranken müssen spüren, daß die Mitarbeiter sich kümmern. Das geschieht vor allem auf dem Wege der persönlichen Zuwendung und der Strukturierung des Stationsmilieus. Eine institutionelle Hilfe zur Suizidprophylaxe ist es, daß Kranke, die die Station verlassen, sich ebenso selbstverständlich beim verantwortlichen Therapeuten abmelden, wie etwa in der Familie. Auf komplexen Stationen mit zahlreichen Mitarbeitern und Kranken bewährt es sich, ein Ausgangsbuch zu führen, in das der Kranke einträgt, wie lange er abwesend sein wird und wo er sich aufhält.

Unabhängig davon, ob die Unterbringung auf einer offenen oder geschlossenen Station erfolgt, gilt: Potentiell Suizidgefährdete gehören unmittelbar nach der Aufnahme nicht in ein Einzelzimmer.

Die Sicherung der Information

Große Institutionen sind dadurch charakterisiert, daß Informationen, auch wichtige Informationen, immer wieder auf der Strecke bleiben: zwischen den Stationen, zwischen den Stationen und arbeits- und beschäftigungstherapeutischen Einrichtungen, zwischen den Schichten, zwischen Arzt und Pflegepersonal. Unangenehme Informationen scheinen besonders von diesem Schwund betroffen zu sein. Das gilt offensichtlich auch für Informationen über eine mögliche Gefährdung von Patienten.

Beispiel
Ein zweiundvierzigjähriger Patient, der seit langem latent suizidal ist, wird von einer Langzeitstation wegen krisenhafter Zuspitzung seiner Suizidgefährdung auf eine geschlossene Aufnahmestation verlegt, weil dort eine bessere Überwachung gewährleistet ist. Die Verlegung wird zwischen den akademischen Leitern beider Stationen abgesprochen. Im

143

Hintergrund steht die Überlegung, ob man nach Abklingen der Suizidalität nicht noch einen Rehabilitationsversuch mit dem Ziel unternehmen solle, den Patienten doch noch in ein Wohnheim zu verlegen. Bei der Durchführung der Verlegung wird der Patient vom Pfleger der Herkunftsstation angemeldet. Dieser teilt seiner Kollegin auf der aufnehmenden Station mit, die Verlegung erfolge, weil ein Rehabilitationsversuch gemacht werden solle. Die Suizidgefährdung verschweigt er. Der Patient suizidiert sich wenige Stunden später, nachdem die Krankenschwester keinen Anlaß für eine besondere Überwachung gesehen hat.

Ein Versuch zu klären, was hier abgelaufen ist, ergab folgendes: Die aufnehmende Station hatte sich gegen die Verlegung gesträubt: »Immer, wenn ihr Probleme habt, mit denen ihr nicht fertig werdet, müssen wir einspringen«, lautete das Argument. Der Patient selber erlebte die Verlegung als Strafe. Die verlegende Station hatte Schuldgefühle, weil sie der Problematik nicht gewachsen war. Unter diesem Blickwinkel war die Psychologie der Verlegung für alle Beteiligten leichter erträglich, wenn man die Suizidgefährdung runterspielte und sich auf die Sprachregelung verständigte: »Wir verlegen ja nicht wegen eines Problemes, sondern weil wir dem Patienten noch eine Chance geben wollen.« Die verlegende Station war ihres Problems ledig, ohne Schuldgefühle empfinden zu müssen. Die Mitarbeiter der aufnehmenden Station fühlten sich geschmeichelt, weil man ihnen die weitere Förderung des Patienten zutraute.

Ähnliche Mechanismen laufen gerade bei Verlegungen immer wieder ab. Krankenhausstationen rivalisieren miteinander. Sie versuchen Probleme zwischeneinander zu verschieben. Sie glauben, Verlegungen reibungsloser durchführen zu können, wenn sie ein Stück Information zurückhalten. Oft sind es natürlich nicht solche psychologischen Hemmnisse, die zu Informationsdefiziten führen. Oft ist es schlichte Schlamperei.

Wege innerhalb des Krankenhauses

Die Station ist Mittelpunkt der Behandlung. Aber viele Aktivitäten und Maßnahmen finden außerhalb der Station statt: Arbeits- und Beschäftigungstherapie, Laboruntersuchungen, Gymnastik, der Besuch in der Cafeteria. Psychiatrische Krankenhäuser sind meist weitläufiger als Allgemeine Krankenhäuser. Auf dem Weg von der Station oder dorthin zurück sind die Patienten der Aufsicht der Therapeuten entzogen. Nicht selten sind die Aktivitäten außerhalb der Station zudem mit Schwellenängsten und Belastungen behaftet. Jeder vierte Suizid, der sich innerhalb der letzten zehn Jahre in unserem Krankenhaus zugetragen hat, geschah anläßlich des Weges zur Arbeits- und Beschäftigungstherapie oder auf dem Rückweg. Die Begleitung der Patienten dorthin muß gesichert sein. Es muß überdacht werden, ob er belastbar genug ist, allein dorthin zu gehen. Es muß sichergestellt sein, daß eine Rückmeldung erfolgt, wenn er nicht dort ankommt.

Ausgang und Urlaub

Ausgang und Beurlaubung sind in psychiatrischen Krankenhäusern therapeutische Schritte. Die Belastungsfähigkeit des Patienten wird erprobt. Die Gewährung von beidem muß überdacht werden wie jede andere therapeutische Maßnahme auch. Ein schrittweises Vorgehen empfiehlt sich: Ausgang zunächst in Begleitung von therapeutischem Personal, dann in einer Gruppe von Mitpatienten, schließlich allein. Urlaub kann zunächst als Tagesurlaub gewährt werden, wenn Angehörige den Patienten holen und wiederbringen; in einem zweiten Schritt über Nacht usw. Das Milieu, in das beurlaubt wird, bedarf der Beachtung. Spannungszustände innerhalb der Familie von psychisch Kranken sind eher die Regel als die Ausnahme. Jede Beurlaubung ist eine Belastung.

Besonders kritisch müssen Beurlaubungen aus besonderem Anlaß überlegt werden. Es gibt Ereignisse, denen sich

Patient und Therapeut nur schwer entziehen können. Familienfeste gehören dazu. Diese können aber besonders belastend für den Patienten sein. Die Begegnung mit nahen und weitläufigen Angehörigen führt oft dazu, daß diese bohrend fragen, wann man denn wieder nach Hause komme, die mahnen, man möge sich doch zusammenreißen. Dekompensationen anläßlich solcher Begegnungen sind nicht selten. Wir haben zwei Suizide anläßlich von Familienfeiern zu verzeichnen gehabt.

Besonderer Aufmerksamkeit anläßlich der Gewährung von Ausgang und Urlaub verdient die Frage der Medikation. Wenn Patienten noch hohe Dosen von Psychopharmaka benötigen, ist besondere Vorsicht am Platz. Dann besteht die Gefahr, daß Krankheitssymptome maskiert werden und daß eine stärkere Belastbarkeit als vorhanden vorgetäuscht wird. Bei Beurlaubungen ist zudem damit zu rechnen, daß die Medikamente nicht regelmäßig eingenommen werden.

Information und Einbeziehung der Angehörigen

Die Angehörigen müssen über ein Suizidrisiko informiert und in die Suizidverhütung miteinbezogen werden. Sonst kommt es zu einem Bruch der Betreuungskontinuität bei Besuchen oder Beurlaubungen. Über die allgemeine Möglichkeit einer Suizidgefährdung sollte mit Angehörigen von Kranken mit affektiven und schizophrenen Psychosen gesprochen werden. Bei aktueller oder latenter Suizidalität müssen sie ausdrücklich darauf hingewiesen und ermutigt werden, beunruhigende oder beängstigende Beobachtungen den Therapeuten mitzuteilen.

Nicht selten stellt sich nach einem Suizid heraus, daß Dritte über Informationen verfügten, die den Betreuern vorenthalten blieben.

Beispiel

Eine vierundsiebzigjährige Patientin unserer Klinik beispielsweise äußerte gegenüber ihren Kindern während eines Be-
suches, sie halte es nicht mehr aus. Sie werde sich mit dem
Gürtel ihres Bademantels erdrosseln. Diese Ankündigung
erschien den Verwandten so bedrohlich, daß sie den Gürtel
einpackten und mit nach Hause nahmen. Sie machten sich,
wie sie hinterher berichteten, noch Gedanken über die Klingelschnur am Bett, die nach einem Schwächeanfall installiert
worden war. Sie gingen aber doch nach Hause, ohne mit dem
Arzt oder dem Pflegepersonal der Station darüber zu sprechen. Wenige Stunden später erdrosselte sich die Patientin
mit der Klingelschnur in ihrem Bett.

Zur Aufklärung der Angehörigen gehört auch der Hinweis
darauf, besonders belastende Ereignisse im Lauf von Beurlaubungen zu vermeiden. Erfahrungsgemäß gehören dazu
Familienfeste und Begegnungen im größeren Kreis von
Freunden und Nachbarn. Das sind Situationen, in der es
nicht möglich ist, individuell auf den genesenden Kranken
einzugehen. Oft werden Kranke in solchen Situationen ziemlich plump darüber befragt, wie es ihnen gehe und warum sie
noch nicht wieder arbeiteten. Auch Spannungen und Streitig-
keiten innerhalb des Familienverbandes werden leicht aktualisiert.

Bei chronischen Spannungen in der Familie, die vor allem
zwischen Erkrankten (Erwachsenen), Kindern und ihren Eltern bestehen, kann es sinnvoll sein, die Eltern an Selbsthilfegruppen für Angehörige zu verweisen. Bei schweren
Spannungen muß nicht jedes Gespräch mit den Angehörigen
im Beisein des Erkrankten geführt werden, wenn dieser zu-
stimmt. Vor allem das mahnende Gespräch, bestimmte Belastungen zu vermeiden, ist für die Angehörigen schonender,
wenn sie allein mit dem Therapeuten sprechen. Auch wenn
sie selber der Entlastung durch ein Gespräch bedürfen, wenn
sie über ihre eigenen Probleme reden möchten, fällt es ihnen
leichter, wenn der Kranke nicht dabei ist.

147

Verlegungen

Verlegungen innerhalb des psychiatrischen Krankenhauses können viele Gründe haben. Wir versuchen, einen Patienten von der Aufnahme bis zur Entlassung auf der gleichen Station zu behandeln, auch wenn er auf der geschlossenen Station zur Aufnahme gekommen ist. Auf diese Weise ist es leichter, eine Kontinuität der Behandlung durch das gleiche Team sicherzustellen. Es gibt aber organisatorische und therapeutische Gründe, die Verlegungen unabdingbar machen. Diese ist dann vorher mit dem Kranken zu besprechen. Er soll die aufnehmende Station möglichst vor dem Umzug kennenlernen. Die nachbehandelnden Therapeuten sind über Probleme und Risiken umfassend zu informieren. Gerade improvisierte Verlegungen aus Platzmangel können als Zurückweisung erlebt werden und zur Entwurzelung führen. Patientensuizide unmittelbar nach der Verlegung von einer Station auf die andere sind nicht selten.

Therapeutenwechsel

Ähnliche Überlegungen gelten für den Wechsel von Therapeuten. Dieser ist unvermeidbar. Aber er muß vorbereitet werden. Der Stationsarzt muß ankündigen, wenn er in Urlaub geht oder wenn er im Rahmen der Weiterbildung auf eine andere Station versetzt wird. Unter solchen Voraussetzungen ist es hilfreich, daß der Patient ja nicht vom Arzt alleine behandelt wird, sondern daß das ganze Team einer Station die Behandlung und die Beziehung zum Patienten trägt. Dies kann aber nur funktionieren, wenn ein Pflegedienstplan erstellt wird, der unnötiges Springen von Mitarbeitern zwischen den Stationen vermeidet.

Entlassung

Das Gefährlichste an der psychiatrischen Klinikbehandlung ist die Entlassung. Das ist drastisch formuliert, aber es trifft zu. Innerhalb der ersten drei Monate nach der Entlassung ereignen sich etwa genau so viele Patientensuizide wie während des stationären Aufenthaltes. Für die Entlassung gilt in mancher Hinsicht dasselbe wie für die Gewährung von Ausgang und Urlaub. Nur bleibt dem entlassenen Patienten nicht der komplikationslose Rückweg in die schützende Klinik. Die Entlassung muß vorbereitet werden. Das ist eine Binsenwahrheit. Im Alltag erfolgt sie aus Bettennot oder aus Ungeduld, nicht selten überstürzt.

Zur Entlassungsvorbereitung gehört die Klärung, in welcher Weise die Nachbehandlung erfolgt und wer sie übernimmt. Bei uns hat es sich bewährt, daß der Patient bereits vor der Entlassung Kontakt mit dem nachbehandelnden Arzt oder dem Sozialpsychiatrischen Dienst aufnimmt und damit die Schwellenangst vor der neuen Situation vermindert.

3. Suizid als Nachahmungshandeln

Der Werther-Effekt

Als Goethes »Leiden des jungen Werther« in den siebziger Jahren des achtzehnten Jahrhunderts rasch Verbreitung fanden, beobachtete man überall im deutschsprachigen Raum eine Häufung von Suiziden mit der gleichen Methode bei jungen Männern in einer ähnlichen Lebenssituation. Es ist niemals nachgewiesen worden, ob es tatsächlich eine solche Vermehrung gegeben hat oder ob die traurige Geschichte von der Liebe und dem Tod des jungen Werther lediglich eine Verknüpfung ohnehin stattfindender Selbstmorde mit dem Werk des Dichters nahelegte. Dieser Werther-Effekt, wie er seither genannt wird, hat die psychiatrische und die Suizidforschung schon früh beschäftigt. Eine Untersuchung von SCHMIDTKE und HÄFNER (1986) über eine Erhöhung der Rate der Eisenbahnsuizide junger Leute nach der zweimaligen Ausstrahlung der Fernsehserie über den Tod eines Schülers bekräftigt die Existenz eines solchen Effekts.

Vieles spricht dafür, daß wir auch innerhalb des psychiatrischen Krankenhauses mit einem solchen Werther-Effekt rechnen müssen. Das Krankenhaus ist eine relativ abgeschlossene kleine Welt für sich. Es verfügt nach der Überwindung der kustodialen Psychiatrie über ein dichtes Kommunikationsnetz, das auch die Patienten einbezieht. Nachrichten über Suizide und Suizidversuche und andere besondere Vorkommnisse verbreiten sich über gemeinsame soziale Aktivitäten in Arbeits- und Beschäftigungstherapie, in der Cafeteria und an anderen Begegnungsstätten. Daß sie Imitationsphantasien und Imitationshandlungen auslösen ist schon deswegen wahrscheinlich, weil in der psychiatrischen Klinik psychisch kranke Menschen in einer Gemeinschaft leben, die überdurchschnittlich suizidgefährdet sind. Sie kommen wegen akuter Gefährdung zur Aufnahme, sind im Verlauf ihrer Krankheit immer wieder latent suizidal oder denken wenigstens an den Suizid als eine Möglichkeit, ihr Leiden zu beenden. Jeder dritte Patient unserer Klinik hat einen Suizidversuch hinter sich. Unter diesen Umständen muß der Suizid eines anderen Patienten als Ereignis in Betracht gezogen werden, das für andere zum Vorbild wird und Motivationsketten zur Nachahmung auslösen kann.

Im Zusammenhang mit einer Suizidserie in unserem Krankenhaus habe ich konkrete Hinweise dafür gefunden, daß eine solche Verknüpfung tatsächlich vorliegt. Diese bestanden u. a. in der Gleichzeitigkeit der Anwesenheit, in persönlichen Beziehungen zwischen den Betroffenen, in der Wahl der gleichen Suizidmethode, im engen zeitlichen Zusammenhang von Tagen und Wochen, in persönlichen Äußerungen der Betroffenen vor dem Suizid. Auf die ausführliche Darstellung im »Patientensuizid« sei verwiesen.

Ein besonders eindrucksvoller Beleg sind die Ereignisse eines Frühsommertages im Jahre 1985 in unserem Krankenhaus, als es nach einjährigem Intervall ohne Suizide zu einer Eskalation von selbstzerstörerischer Gewalt kam:

Beispiel

Gegen 11.00 Uhr stürzte sich eine einundzwanzigjährige Patientin mit einer Psychose aus dem schizophrenen Formenkreis aus dem regelwidrig geöffneten Fenster einer im zweiten Stock gelegenen geschlossenen Station. Sie wollte sich nicht das Leben nehmen. Sie wollte nach Hause und verkannte in der Psychose die Gefährlichkeit der Situation. Sie zog sich mittelschwere Verletzungen zu. Aber der Sturz aus dem Fenster beschwor eine dramatische Situation mitten im Krankenhaus herauf. Notarztwagen, Rettungshubschrauber und ein Menschenauflauf spiegelten die Lust an der Sensation. Viele Therapeuten fühlten sich in der Berechtigung ihrer Ängste bestätigt. Die näheren Umstände wurden erst viel später geklärt.

Fast gleichzeitig versuchte in der Beschäftigungstherapie eine Patientin einer gerade wiedergeöffneten Station sich auf untaugliche Weise durch Einatmen von Methangas das Leben zu nehmen. Sie wurde von Anfang an beobachtet und auf ihre Station zurückgeschickt. Die Station wurde dieser Patientin wegen vorübergehend wieder geschlossen. Drei Stunden später verließ eine andere Patientin mit Erlaubnis des Stationspersonals die Klinik, um Besorgungen in der Stadt zu erledigen. Statt dessen fuhr sie nach Hannover, wo sie sich mit Hilfe eines Föhns in der Badewanne suizidierte.

Zwei Tage später warf sich ein sechsundzwanzigjähriger junger Mann während seiner Beurlaubung in die Stadt vor den Zug. Er war Patient einer Station, die unmittelbar unter jener gelegen war, aus deren offenem Fenster zwei Tage vorher die andere junge Patientin gesprungen war.

Zufall oder Verknüpfung? Es gibt bei beiden Patienten keinen Beweis. Sicher ist jedoch, daß im Zusammenhang mit den beiden Suizidversuchen im Krankenhaus eine blitzartige Panikstimmung, eine Atmosphäre von suizidaler Gewalt eskaliert war, die sich im Anschluß an den ersten Suizid bei den Mitarbeitern noch zugespitzt hatte. Sicher ist auch, daß sich die vorangegangenen Ereignisse – die beiden Suizidversuche –

auf den entsprechenden Stationen sofort herumgesprochen hatten. Das gilt in besonderem Maße für den Sturz aus dem Fenster, der sich vor aller Augen ereignet hatte.

Offene Kommunikation als Risikofaktor

Aufgrund unseres derzeitigen Wissensstandes muß die Gefahr eines Imitationshandelns bei der Suizidprophylaxe im psychiatrischen Krankenhaus Berücksichtigung finden. Es kann sogar sein, daß solche Nachfolgesuizide beim Anstieg der Suizidrate während der psychiatrischen Krankenhausbehandlung innerhalb der letzten Jahrzehnte eine Rolle spielen.

Nicht die Öffnung des psychiatrischen Krankenhauses, nicht der Verzicht auf Restriktionen sind die Risikofaktoren – zumindest nicht nur sie allein –, sondern die mit der Öffnung verbundene *Intensivierung der Kommunikation* zwischen Patienten und Mitarbeitern. Anders als in der traditionellen geschlossenen Anstalt – mit einer Verdünnung der Kommunikationswege unter den Patienten – wird der Suizid zum krankenhausöffentlichen Ereignis und kann erst dadurch Imitationsverhalten auslösen.

Der Suizid eines Mitpatienten, den man kennt, den man möglicherweise geschätzt hat, dessen Probleme ähnlich gelagert sind wie die eigenen, wird auf die Weise zum Vorbild für eigene Problemlösungsmöglichkeiten. Ich erinnere mich an einen Patienten der Tübinger Tagesklinik, der mir nach dem Suizid eines jungen Mannes, der uns sehr naheging, in einem Gespräch außerhalb der Klinik sagte: »Ich bewundere den G.; am liebsten möchte ich es machen wie er; aber ich habe nicht den Mut dazu.« Er brauchte drei Monate, bis es soweit war. Auch die Verlegung auf die geschlossene Station hatte ihn nicht schützen können. Er wählte die gleiche Methode wie sein Freund und Mitpatient – den Eisenbahnsuizid.

Der Werther-Effekt könnte auch als Teilfaktor dienen, die hohe Suizidrate auf Rehabilitationsstationen, Tageskliniken und in therapeutischen Gemeinschaften zu erklären. Dies sind therapeutische Systeme, die intensiv behandeln, hohe Anforderungen an ihre Patienten stellen, ein Höchstmaß an Kommunikation auf der Grundlage des therapeutischen Konzeptes pflegen und eine verhältnismäßig hohe Verweildauer einplanen. Die Faktoren intensive Behandlung und hohe Anforderung können an sich schon zu Gefährdungsfaktoren werden. Hohes Maß an Kommunikation und lang andauernde Gleichzeitigkeit des Aufenthaltes auf der Station begünstigen nicht nur die Entwicklung einer positiv anwendbaren therapeutischen Ideologie bei Patienten und Personal. Sie können auch bewirken, daß der Suizid eines Mitpatienten als Vorbildverhalten jeweils solange anhält, bis der nächste Suizid als Verstärker dieser Möglichkeit der Problemlösung auftritt.

Was kann man bei einer Suizidserie tun?

Gelegentlich wird von Suizidserien in psychiatrischen Krankenhäusern berichtet. Manchmal ist nicht eindeutig, ob es sich um eine zufällige Häufung handelt oder ob es in der Institution, im Behandlungskonzept oder in den handelnden Personen Ursachen dafür gibt. Danach ist zu fahnden. Wenn die Häufung allerdings das ganze Krankenhaus und nicht einzelne Stationen oder Abteilungen betrifft, sind konkrete Gründe meist nicht zu finden. Dies traf auch bei einer Suizidserie zu, die unser Krankenhaus vor einigen Jahren betroffen hatte. Damals suizidierten sich innerhalb von zwölf Monaten doppelt soviele Patienten wie in normalen Jahren.

Nach anfänglicher Hilf- und Ratlosigkeit entschlossen wir uns nach und nach zu einem Katalog von Maßnahmen, die als Beispiel dafür dienen können, wie man mit einer Häufung von Suiziden umgeht. Wir sind dabei nicht besonders planvoll vorgegangen. Aber wir ließen uns von einigen Grundüberlegungen leiten: Wir wollten die Mitarbeiter sensibilisieren, ohne sie zusätzlich zu ängstigen. Wir wollten die handwerklichen Aspekte der Psychiatrie verbessern – die

Diagnostik und Suizidalität ebenso wie die Diagnostik und die Therapie, die mit erhöhten Suizidrisiken verbunden sind. Wir wollten den Sicherheitsspielraum beim Verdacht auf Suizidgefährdung vergrößern, auch wenn damit verstärkte Restriktionen verbunden wären. Wir wollten uns auf die Suche nach Fehlern in unserem Verhalten und unserer Haltung als Therapeuten begeben; und wir wollten das »suizidale Klima«, das sich im Krankenhaus unter Mitarbeitern und Patienten ausgebreitet hatte, überwinden. Im Buch über den Patientensuizid habe ich ausführlich darüber berichtet.

Ich bin mir heute noch nicht klar darüber, ob unsere Maßnahmen geeignet waren, diese Ziele zu erreichen. Ich bin mir auch nicht sicher, ob sie es waren, die schließlich zum Ende der Serie führten und uns ein ganzes Jahr ohne Patientensuizid bescherten, oder ob andere Gründe dafür maßgeblich sind, die jenseits des konkreten Handelns nicht sichtbar werden. Aus Schweden wird berichtet, daß die bloße Einsetzung einer Untersuchungskommission zum Ende einer Suizidserie in den Krankenhäusern einer schwedischen Region führte (SJÄLVMORD 1985).

Die Suizidserie, die unser Krankenhaus betroffen hatte, hatte die Besonderheit, daß sich fast alle diese Suizide in der Öffentlichkeit auf dem Bahnhof der Stadt ereigneten. Einzelne der getroffenen Maßnahmen, wie Begrenzung des Ausgangs auf bestimmte Bereiche der Stadt und der Dienst von Mitarbeitern am Bahnhof hatten darin ihren Grund. Ich führe den Katalog an Maßnahmen als Beispiel dafür an was man tun kann, nicht als Empfehlung, was man tun sollte. Der Katalog der Maßnahmen wurde damals innerhalb etwa eines Jahres Schritt für Schritt etwa in der folgenden Reihenfolge inkraftgesetzt:

1. Für jeden neu aufgenommenen Patienten der gefährdeten Bereiche wurde ein Basisrisiko ermittelt (Psychose, vorangegangene Suizidversuche, Wiederaufnahme innerhalb von kurzer Zeit, fehlende Lebensperspektive, anstehende lebensverändernde Ereignisse), das die klinische Abschät-

zung der Suizidgefährdung ergänzen sollte. Auf den gefährdeten Stationen wurde allmorgendlich durch den Stationsarzt den Schichtführern des Pflegedienstes eine Suizidrisiko-Abschätzung für jeden Patienten vorgenommen und dokumentiert.

2. Die beiden offenen Aufnahmestationen wurden geschlossen, zunächst mit einer unbestimmten Perspektive nur für kurze Zeit, zuletzt ausdrücklich für die Dauer eines Jahres.

3. Urlaub und Ausgang wurden restriktiv gehandhabt. Der Ausgang nach dem Abendessen wurde generell gesperrt. Der Ausgang wurde geographisch auf Krankenhauspark und Fußgängerzone der Stadt begrenzt. Wenn Patienten diese Zone verlassen wollten, war für den Einzelfall eine Beurlaubung notwendig. Die Patienten sicherten uns bei der Erstgewährung von Ausgang schriftlich zu, daß sie diese Begrenzung einhalten würden.
Auf den Stationen wurden Ausgangsbücher angelegt, in denen Patienten eintragen mußten, wann sie die Station verließen, wohin sie zu gehen beabsichtigten und wann sie voraussichtlich zurückkommen würden.

4. Das Informationssystem zwischen Stationen, Arbeits- und Beschäftigungstherapie wurde überdacht und reorganisiert. Zu bestimmten Tagezseiten war ein Mitarbeiter am Bahnhof postiert. Zugleich wurde ein Alarmsystem für Fälle ausgedacht, wo gefährdete Patienten die Arbeits- und Beschäftigungstherapie ohne Absprache verlassen hatten.

5. Fort- und Weiterbildung in der Diagnostik und im Umgang mit suizidalem Verhalten wurden intensiviert, insbesondere die Scheu vor dem Ansprechen von Suizidgefährdung wurde bei Ärzten, Psychologen und Krankenpflegepersonal ausgebaut. Ein systematisches Trainung in Psychopathologie für Assistenzärzte wurde eingeführt.

6. Die fachärztliche Kontrolle wurde engmaschiger gestaltet. Handwerkliche Aspekte, wie Diagnostik, Psychopathologie, Medikation, Ausgangsregelungen, wurden dabei gegenüber psychodynamischen Aspekten verstärkt beachtet. Auch das führte zum Vorwurf der Rückschrittlichkeit.

7. Negativen Gegenübertragungsphänomenen wurde verstärkte Aufmerksamkeit zuteil. Resignation und Hoffnungslosigkeit von seiten der Therapeuten (»vielleicht ist Suizid das Beste für ihn«) wurden als Risikofaktoren erkannt und bearbeitet.

8. Es wurde allgemein akzeptiert, daß die übliche Haltung gegenüber dem Patientensuizid (»wir haben alles getan, wir haben nichts versäumt, wir haben nichts falsch gemacht«) als Mythos entlarvt wurde. Es galt als akzeptiert, daß Therapeutenfehler sehr wohl zum Suizid führen können und daß wir unter Beachtung der oben angeführten Gesichtspunkte versuchen müßten, solche Fehler möglichst zu vermeiden.

Die Häufung von Suiziden im psychiatrischen Krankenhaus kann zufällig sein. Sie kann Ergebnis eines Verfalls der therapeutischen Kultur in einer Klinik sein, wie KOBLER und STOTLAND das in ihrem Buch über das »Ende der Hoffnung« (1974) eindrucksvoll beschreiben. Sie kann im Rahmen von Imitationshandeln, aber auch endemisch auftreten. Wir tun gut daran, uns nicht allzu lange auf die Hoffnung zu versteifen, wir hätten es mit Zufällen zu tun. Bei vermehrten Suiziden innerhalb der Klinik müssen wir sehr bald mit der Gefahr des Nachahmungshandelns rechnen. Unabhängig davon tun wir gut daran, bei jeder Häufung von Suiziden kritisch unsere therapeutischen Strategien und Konzepte zu überprüfen: Sind bestimmte Bereiche, Stationen, Teams, Mitarbeiter besonders betroffen? Welche Erklärungen gibt es dafür? Welche anderen gemeinsamen Merkmale weisen Suizide der Patienten auf? Gibt es bestimmte Orte in der Klinik, in denen das »suizidale Klima« angeheizt wird? Dafür kommen in erster

Linie die Begegnungszentren von Patienten zahlreicher Stationen in Betracht. Die arbeitstherapeutischen Werkstätten, die Beschäftigungstherapie, die Cafeteria, das Freizeitzentrum. Nur eine genaue Situationsanalyse kann gezielte Maßnahmen zur Folge haben.

Jenseits des konkreten Handelns muß dabei die suizidprophylaktische Psychohygiene von Mitarbeitern und Patienten im Blickpunkt stehen.

Daneben verdient ein anderer Aspekt unsere Aufmerksamkeit: Suizide in der Klinik sind »besondere Vorkommnisse«, Ereignisse mit Katastrophencharakter, die die gewohnte Ordnung der Institution bedrohen und in Frage stellen. Bei solchen Ereignissen ist es oft nicht so wichtig, was man tut. Wichtig ist es, daß man handelt und daß man dies nach innen und nach außen deutlich macht. Ich habe bei einer früheren Gelegenheit (1980) ausführlicher erläutert.

Über den Sinn des Dienstes von Mitarbeitern der Klinik am Bahnhof mag man streiten. Wir haben zunächst selber überlegt, ob wir uns damit nicht lächerlich machen. Aber gerade diese Maßnahme signalisierte gegenüber der Öffentlichkeit und – nachdem sich das rasch herumsprach –, daß wir uns kümmern, daß wir uns sorgen. Bis dahin hatte es von seiten des Bahnpersonals und der örtlichen Polizei geheißen: »Die lassen ihre Patienten verrecken!« Danach entspannte sich die Lage schlagartig.

Es scheint so zu sein, daß es bei dramatischen, besonderen Vorkommnissen nicht so wichtig ist, daß das, was man tut, tatsächlich das Richtige ist – was immer das sein mag –, denn darauf, daß es von der betroffenen Öffentlichkeit als richtig anerkannt wird. Diese atmosphärische Seite, die uns Freiraum zum Handeln verschafft, ermöglicht es uns erst, gezielt nach Wegen zu suchen, das anstehende Problem zu lösen.

4. Risiken des Wandels

Die Psychiatrie erlebt seit drei Jahrzehnten einen tiefgreifenden Wandel. Die Grundorientierung der kustodialen Psychiatrie ist durch eine therapeutische und rehabilitative Haltung abgelöst worden. In den fünfziger Jahren erlebten wir die Einführung der psychiatrischen Pharmakotherapie durch Neuroleptika und Antidepressiva. In den sechziger Jahren wurde allenthalben mit der therapeutischen Gemeinschaft experimentiert. Soziotherapeutische und rehabilitative Konzepte wurden ausprobiert. Die Beschäftigungstherapie wurde ausgeweitet. Die anstaltszentrierte Arbeitstherapie wich Konzepten der industriellen Arbeitstherapie, die inzwischen selber wieder umstritten sind. Überall wurde neu gebaut. Männer und Frauen wurden auf den gleichen Stationen behandelt. Die Krankenhäuser wurden geöffnet. Die rechtlichen Bedingungen und die Einstellung der Bevölkerung änderte sich. Das Personal wurde beträchtlich vermehrt. Neue Berufsgruppen, wie Psychologen, Sozialarbeiter, Beschäftigungstherapeuten, kamen ins Krankenhaus. Eine altersmäßige Generationsablösung erfolgte vor allem im Bereich des Ärztlichen Dienstes.

Die Veränderungen sind im Grundsatz begrüßenswert. Niemand will das Rad zurückdrehen. Aber man muß sehen, daß dieser rasche Wandel nicht ohne Probleme, Konflikte und Irrtümer ablaufen konnte. In der Literatur zum Patientensuizid findet sich kaum einer dieser Entwicklungsschritte, der nicht in der einen oder anderen Studie angeschuldigt wurde, Ursache für den Anstieg der Suizide in psychiatrischen Krankenhäusern zu sein: die Pharmakotherapie, die intensive Soziotherapie in Form von Rehabilitation, die Psychotherapie bei bestimmten Kranken, die Personalvermehrung, die Öffnung von Stationen, die »humanere« Krankenbehandlung ganz allgemein.

Ich bin inzwischen überzeugt davon, daß alle diese Überlegungen falsch sind, daß sie aber einen richtigen Kern haben.

Es sind nicht die einzelnen Aspekte des Wandelns, sondern es ist der Wandel selber, der für eine Übergangszeit das Risiko unserer Patienten im Hinblick auf eine Suizidgefährdung erhöht. Die Neueinführung von therapeutischen Konzepten ist mit Irrtümern verbunden. Sie hat zum Teil zu Überforderungen von Patienten geführt. Sie hat zur Abschaffung von alten schützenden Routinen und zur Verunsicherung der Mitarbeiter der Institutionen geführt.

Auf der anderen Seite haben diese neuen Konzepte es möglich gemacht, mehr Patienten rascher wieder nach Hause zu entlassen und vielen anderen ein Leben außerhalb des Krankenhauses in einer beschützenden Umgebung zu ermöglichen. Erst allmählich setzt eine Konsolidierung ein. Ich halte es für wahrscheinlich, daß die Suizidrate in psychiatrischen Krankenhäusern mit der Etablierung neuer Routinen und Selbstverständlichkeiten wieder sinken wird.

Es gibt allerdings Entwicklungen, die nicht in der Hand des Therapeuten liegen. Diese bestehen in der veränderten gesellschaftlichen Einstellung zu der Berechtigung, die Selbstbestimmung des psychisch Kranken außer im Fall eindeutiger Gefahr zu beschneiden. Ich bin mir nicht sicher, ob dies langfristig Auswirkungen auf die Suizidquote hat. Es erhöht auf jeden Fall unsere Verantwortung als Therapeuten. Es fordert uns heraus, unser therapeutisches Repertoire zur Erkennung und Behandlung der Suizidgefährdung bei psychisch Kranken zu erweitern und zu verfeinern.

9 Spezielle Aspekte der Suizidprophylaxe während der ambulanten Behandlung

Suizide während der ambulanten Behandlung sind häufiger als im psychiatrischen Krankenhaus. Sie werden nicht so sichtbar, weil sie eine größere Zahl von Ärzten, Sozial-psychiatrischen Diensten und Beratungsstellen betreffen.

Der Suizid während der ambulanten Behandlung erschüttert den Behandelnden aber ebenso wie während des Krankenhausaufenthaltes, wenn eine enge und langandauernde therapeutische Beziehung bestanden hat. Er bedroht ihn in seiner beruflichen und persönlichen Identität. Er wirkt auf seine Art des Umgangs mit anderen Patienten zurück. Dagegen sind die Auswirkungen auf das institutionelle Gefüge in der Regel weniger schwerwiegend. Das liegt zum einen daran, daß ambulante Dienste weniger komplexe Institutionen sind als Krankenhäuser. Es liegt aber auch daran, daß die therapeutische Beziehung im ambulanten Raum sehr viel stärker durch die unmittelbare Beziehung zwischen einem Behandelnden und dem Patienten in einer therapeutischen Zweierbeziehung geprägt ist. Die Mitpatienten spielen eine geringere Rolle. Das gleiche gilt in der Regel für die anderen Mitarbeiter der Praxis oder des ambulanten Dienstes, die nicht in unmittelbarer therapeutischer Beziehung zum Patienten stehen.

Zudem wird der Suizid im ambulanten Rahmen von Therapeuten und Betreuern nicht als so einschneidend erlebt wie in der Klinik, wenn der Patient nur in lockerer Betreuung steht, wenn er in größeren Abständen zur Behandlung kommt oder wenn dem Suizid ein Behandlungsabbruch vorausgegangen ist.

Ereignet der Suizid sich Wochen oder Monate nach dem letzten Kontakt, ist man nicht mehr verantwortlich.

Die Regeln der ärztlichen Praxis verbieten es, dem Patienten allzu penetrant nachzulaufen und ihn anzuhalten, die Behandlung fortzusetzen. Ärztliches Selbstverständnis und Standesregeln verlangen, daß der Kranke den Arzt aufsucht. Die in der Psychiatrie traditionsreiche »nachgehende Fürsorge« sprengt den Rahmen der üblichen ärztlichen Praxis. Damit wird bereits ein Kernproblem der Suizidprophylaxe bei psychisch Kranken mit chronisch-rezidivierenden Leiden sichtbar: die zerbrechliche Behandlungs- und Betreuungskontinuität.

In vieler Hinsicht unterscheiden sich die Probleme der Suizidprophylaxe während der ambulanten Behandlung nicht von jenen während des Klinikaufenthaltes. Es gilt, die Suizidgefährdung zu erkennen und sich ihr im Gespräch zu stellen. Es gilt Krisenintervention zu leisten und die Grunderkrankung zu behandeln. Es gilt die Risiken von psychotherapeutischen, soziotherapeutischen und medikamentösen Interventionen zu beachten. Es gibt jedoch einen entscheidenden Unterschied zwischen Klinik- und ambulanter Behandlung. Der Klinikpatient befindet sich in ununterbrochener Betreuung. Der ambulante Patient sucht den Therapeuten ein- oder zweimal im Monat auf, manchmal seltener. Allenfalls während der systematischen Psychotherapie oder in Krisensituationen werden die ambulanten Kontakte häufiger.

Die Mitarbeiter der ambulanten psychiatrischen Dienste arbeiten ohne Netz. Sie müssen ihre Beurteilung der Situation innerhalb weniger Minuten treffen und daraus die Schlußfolgerungen für die kommenden Wochen ziehen. Es ist zwar richtig, die ambulanten Patienten sind in der Regel nicht so akut krank wie die Klinikpatienten. Sie sind oft dennoch schwer krank. Sowohl Patienten mit affektiven Psychosen wie mit chronisch-rezidivierenden schizophrenen Psychosen sind mit einem hohen Suizidrisiko behaftet. Sie sind über lange Zeiträume zumindest latent suizidal und geraten immer wieder in suizidale Krisen. Patienten mit diesen Merkmalen konzentrieren sich in der Klientel von Sozialpsychiatrischen Diensten und von Krankenhausambulanzen. Wir müssen erwarten, daß die ambulante Behandlung unter diesen Voraussetzungen weniger zielsicher Suizidprophylaxe leisten kann wie stationäre. Dennoch gibt es Möglichkeiten, Risikosituationen zu identifizieren und Vorkehrungen zu treffen.

Einige Aspekte solcher Risikosituationen und möglicher Maßnahmen sollen im folgenden erörtert werden. Im übrigen sei auf das Psychotherapiekapitel verwiesen, in dem die ambulante Behandlung von Suizidgefährdeten eine zentrale Rolle spielt.

1. Die Entscheidung über die Krankenhauseinweisung

Es gibt verschiedene Gründe, einen psychisch Kranken in die psychiatrische Klinik einzuweisen: die Schwere und Akutheit der Symptomatik; die Gefährdung Dritter und die Selbstgefährdung; schließlich die Unzulänglichkeit der Erkrankung bei einer länger andauernden ambulanten Behandlung. Hier soll uns nur die Problematik der Selbstgefährdung beschäftigen. Sie muß bei jeder schizophrenen Erkrankung und bei jeder schweren Depression bedacht und mit der gebotenen Sorgfalt geprüft und abgefragt werden.

Hat man sie erkannt, ist das Ausmaß der Gefährdung abzuwägen. Kriterien dafür sind die Intensität von Suizidgedanken und -phantasien, vorangegangene Suizidhandlungen und die Verknüpfung der Krankheitssymptomatik mit der suizidalen Gefährdung. Dazu gehört auch das Ausmaß von Hoffnungslosigkeit, Verzweiflung und Ausweglosigkeit, das der Kranke erlebt. Schließlich müssen die Überlegungen einbezogen werden, wieviel Unterstützung er von seinen Angehörigen und Freunden erfahren kann, ob ihre Art, mit ihm umzugehen, hilfreich ist oder ob sie nicht möglicherweise sogar zu einer Verschärfung seiner Krise beiträgt.

Entscheidendes Kriterium für die Beurteilung des Ausmaßes der Suizidgefährdung ist auf diesem Hintergrund die Beurteilung der Absprachefähigkeit des Kranken. Besteht eine deutliche Suizidalität in Verbindung mit einer schizophrenen oder depressiven Psychose oder einem organischen Psychosyndrom, muß der Kranke als außerordentlich gefährdet angesehen werden. Die Art seiner Erkrankung macht es dann unwahrscheinlich, daß er seine Lebenssituation realitätsgerecht sieht, daß er situationsgerecht handeln kann und daß er ein therapeutisches Bündnis eingehen kann. Seine Absprachefähigkeit ist dann durch krankheitsbedingte Veränderungen von Wahrnehmung und Gefühlen beeinträchtigt. Er kann plötzlich einschießenden Suizidimpulsen bei gleichzeitig verminderten Möglichkeiten der Kontrolle des eigenen Verhaltens unterworfen werden.

In dieser Situation ist die Krankenhauseinweisung der sichere Weg, obwohl wir erfahren mußten, daß immer wieder Kranke, die wir wegen Suizidgefährdung in die Klinik einwiesen, dort den Suizid vollzogen. Die Entscheidung der Einweisung fällt unter solchen Voraussetzungen leicht, wenn der Kranke sich dazu bereit findet. Der Arzt gerät in einen Entscheidungskonflikt, wenn der Kranke sich verweigert. Dann muß die Entscheidung über eine Unterbringung gegen den Willen des Patienten getroffen werden. Entscheidungskriterium ist die vorhandene oder fehlende Absprache- und Bündnisfähigkeit, die nur in Ausnahmefällen bei anderen Störungen als Psychosen oder intoxikationsbedingten Bewußtseinsstörungen so schwer beeinträchtigt ist, daß eine Einweisung gegen den Willen des Patienten statthaft ist.

Weil das so ist, muß die Differentialdiagnose Persönlichkeitsstörung/endogene Depression, Borderline-Syndrom/ schizophrene Erkrankung mit besonderer Sorgfalt getroffen

163

werden. Denn die Diagnose geht mit Sicherheit in den Prozeß der Entscheidungsfindung ein. Bei der Analyse von Suiziden während der ambulanten Behandlung haben uns die verantwortlichen Therapeuten wiederholt versichert: »Hätte ich die Krankheit damals als endogene Depression eingeschätzt (als schizophrene Psychose), hätte ich mich sicher zu einer Zwangseinweisung entschlossen.«

2. Die Sicherung der Nachsorge

In den ersten drei Monaten nach der Klinikentlassung ereignen sich ebenso viele Suizide wie während der gesamten stationären Behandlung. Die meisten davon geschehen innerhalb der ersten vier Wochen nach der Rückkehr aus dem Krankenhaus. Die Gründe dafür sind nachvollziehbar. In der Klinik ist der Patient von seinen Alltagspflichten entlastet. Seine persönlichen Beziehungen sind teilweise suspendiert. Er wird in einem Schonraum behandelt. Mit der Klinikentlassung ist er in der Regel nicht vollständig wiederhergestellt. Er ist weiterhin vermindert belastbar. Auf der anderen Seite ist er mit Erwartungen aus der familiären und der beruflichen Umgebung konfrontiert, daß er nun doch wieder funktionieren möge. Zugleich hat er die beschützende Klinikumgebung verloren, in der sein soziales Handeln auch beim Versagen niemals schwerwiegende Konsequenzen hat.

Mit der Entlassung ist eine einschneidende Veränderung der Art der psychiatrischen Behandlung verbunden. Er tritt nicht nur in ein völlig anders geartetes therapeutisches System über. In der Regel wechseln auch die Personen, die ihn betreuen. Der Arzt und die Krankenschwester sind nicht mehr jederzeit zugänglich. Der Therapeut in der Praxis oder in der Beratungsstelle ist nur in Krisensituationen außerhalb des vereinbarten Termins zu sprechen. Die Dichte der therapeutischen Betreuung wechselt mit der Entlassung aus der Klinik schlagartig.

Alles dies tritt günstigenfalls ein, wenn eine Nachbehandlung vorbereitet ist, wenn der Kranke weiß, wer sich um ihn
kümmert, wenn er bei der Klinikentlassung einen ersten Termin verabredet hat. Das ist oft nicht der Fall. Gerade bei Erst-
erkrankungen wird dem Patienten bei der Entlassung mit auf
den Weg gegeben, er möge sich einen Psychiater suchen oder
eine Beratungsstelle aufsuchen. Es ist mit den üblichen
Schwierigkeiten verbunden. Oft weiß der Kranke nicht, an
wen er sich wenden soll, und wenn er es tut, wird er nicht selten
zurückgewiesen. Wiederum günstigenfalls erhält er einen Termin, der aber nicht in unmittelbarer zeitlicher Nähe liegen
muß.

Alle diese Schwierigkeiten sind bekannt. Bei einer sorgfäl-
tigen Entlassungsplanung sind sie auch lösbar. Sobald sich
abzeichnet, daß der Patient in absehbarer Zeit nach Hause
zurückkehren kann, ist die Frage der Nachsorge mit ihm zu
besprechen. Zu wem möchte er gehen? Ist er dort schon bekannt? Wenn er niemanden hat, muß er entsprechend beraten
werden. Wenn er den Nachbehandelnden noch nicht kennt,
sollte er vor der Entlassung Gelegenheit haben, ihn aufzusuchen. Das ist über die Gebührenordnung nicht abzurechnen
aber dennoch machbar. Mitarbeiter der Sozialpsychiatrischen
Dienste kommen überdies oft regelmäßig ins Krankenhaus, um
sich Patienten aus ihren Bezirken zur Verfügung zu stellen. Auf
jeden Fall muß der Patient bei der Entlassung wissen, wann er
den ihn nachbetreuenden Therapeuten aufsuchen kann.

Diese Forderungen klingen selbstverständlich. Sie sind
aber nur dann einzulösen, wenn die Therapeuten der Klinik
ausreichend Zeit zur Entlassungsvorbereitung haben. Pannen
bei der Weiterbetreuung sind besonders häufig, wenn Patienten vorzeitig aus dem Krankenhaus drängeln, wenn sie die
Klinik gegen ärztlichen Rat verlassen. In solchen Fällen treten
zusätzliche Komplikationen hinzu. Oft ist die Medikation
noch unvertretbar hoch, oder die fortbestehenden Krankheitssymptome machen Absprachen mit dem Patienten zum
Problem.

Dennoch lohnt es sich, unter dem Gesichtspunkt der Suizidprophylaxe den Weg der konsequenten Sicherung der Nachsorge zu beschreiten. In unserer Krankenhausambulanz gelang es, die Suizidrate innerhalb der ersten drei Monate nach der Entlassung durch solches Vorgehen auf einen Bruchteil der aus der Literatur bekannten Zahlen zu senken. Bei den drei Patienten, die sich dennoch kurze Zeit nach der Krankenhausentlassung (innerhalb von 14 Tagen) suizidierten, lagen entsprechende komplizierende Bedingungen vor:

Beispiele

Ein 39jähriger Forstbeamter mit einer akuten schizophrenen Psychose war zwei Tage nach Krankenhausaufnahme auf richterliche Anordnung entlassen und der Ambulanz zugewiesen worden. Die ambulante Behandlung mit einer notwendigen, extrem hohen neuroleptischen Medikation war nur übernommen worden, weil keine unmittelbare rechtliche Möglichkeit bestand, den Patienten wieder ins Krankenhaus einzuweisen.

Ein 22jähriger Abiturient, der die Tagesklinik gegen ärztlichen Rat verlassen hatte und bei dem nach amtsärztlichem Zeugnis keine Indikation für eine Unterbringung gegen seinen Willen bestand, stellte sich nicht wieder in der Ambulanz vor.

Eine 41jährige Hausfrau war zweimal vorzeitig aus der Klinik entlassen worden, weil auch hier – zu Recht oder zu Unrecht – keine Möglichkeit gesehen wurde, eine gesetzliche Unterbringung zu erreichen. Zwischen den Mitarbeitern der Ambulanz und der Station bestanden hierüber unterschiedliche Auffassungen.

Bei allen drei Fällen ist festzuhalten, daß von seiten der Ambulanz eine Gefährdung der Patienten gesehen wurde, daß hier aber rechtliche und psychiatrische Gesichtspunkte ineinandergriffen, deren Ergebnis der fatale Ausgang war.

3. Die Gewährleistung der Behandlungskontinuität

Bei der Betreuung von chronisch suizidgefährdeten psychisch Kranken ist die Sicherung der personalen Betreuungskontinuität von entscheidender Bedeutung. Bei häufigem
Personalwechsel steigt die Zahl der Behandlungsabbrüche.
Deswegen sind Arztpraxen in mancher Hinsicht besser für
solche Aufgaben geeignet als Polikliniken und Beratungsstellen. Das gilt mit einer Einschränkung: wenn der dafür
qualifizierte Arzt sich persönlich um den Kranken kümmert
und nicht wechselnde Sprechstundenhilfen die Betreuung
übernehmen.

In Sozialpsychiatrischen Diensten und Krankenhausambulanzen kann die Kontinuität der personalen Betreuung,
die über Jahre andauern muß, auch bei wechselnden Assi-
stenzärzten gewährleistet werden, wenn ein Oberarzt die
Kontinuität des Behandlungsstils gewährleistet und eine
Krankenschwester oder ein Krankenpfleger die Aufgabe der
soziotherapeutischen unterstützenden psychotherapeutischen Betreuung übernimmt. Sie/er müssen bereit sein, sich
die Alltagssorgen der Patienten anzuhören, sie zu ermutigen, ihnen bei der Lösung kleiner sozialer Probleme zu helfen, mit den Angehörigen zu sprechen, gelegentlich einen
Hausbesuch zu machen. Dann werden sie ein Gespür für die
Lebens- und Krankheitssituation der Dauerpatienten erwer-
ben und die herannahende Krise rechtzeitig erkennen.

Der Arzt spielt bei solchen Formen der Betreuung gelegentlich eine sekundäre Rolle. Die Patienten müssen nicht
selten geradezu überredet werden, ihn regelmäßig zu sehen.
Aber möglicherweise ist diese Form gerade deswegen besonders wirksam. Die Kranken haben gegenüber dem Arzt eine
Scheu, sich zu öffnen, möglicherweise, weil ihnen ihre Probleme dafür nicht wichtig genug erscheinen, möglicherweise
aber auch, weil er nicht genügend Zeit aufwenden kann.

Intermittierende Krisen machen auch bei kontinuierlicher
Betreuung gelegentliche Krankenhausaufnahmen erforder-

167

lich. Oft handelt es sich dabei nicht einmal um Krankheits-
rezidive, sondern um Zuspitzungen innerhalb der Familie,
die eine vorübergehende Entlastung beider betroffener Seiten
notwendig machen. Allerdings bleibt festzuhalten, daß auch
bei sorgfältiger und dauerhafter ambulanter Betreuung Suizide nicht ausbleiben. Sie können sich dann auch nach langer
Behandlungsdauer ereignen. In unserer Ambulanz waren es
in zehn Jahren fünf Patienten mit Psychosen aus dem schizophrenen Formenkreis, die sich nach mehr als 30 Monaten der
Behandlung in der Ambulanz das Leben nahmen.

4. Die Einbeziehung der Angehörigen

Die Einbeziehung der Angehörigen ist während der ambulanten Behandlung von noch größerer Bedeutung als während der Klinikbehandlung. Regelmäßige Gespräche mit
ihnen, zusammen mit dem Patienten, gehören zur ambulanten Nachsorge. Der Abbau von unabdingbaren Spannungen
zwischen dem Kranken und den Menschen, mit denen er zusammenlebt, ist wichtiger Bestandteil der ambulanten Betreuung von Psychosekranken und der Suizidprophylaxe
nach der Klinikentlassung. Bei chronischen Spannungszu-
ständen sollten die Angehörigen an Selbsthilfegruppen verwiesen werden, in denen sie sich über ihre eigenen Probleme
im Umgang mit dem Kranken austauschen können. Zugleich
trägt ein Vertrauensverhältnis zu ihnen dazu bei, daß sie sich
in Krisenzeiten an den behandelnden Arzt wenden. Das gilt
nicht nur bei Krankheitsrezidiven, sondern vor allem auch
bei sich anbahnenden suizidalen Krisen. Angehörige fühlen
sich oft nicht ernstgenommen und von Therapeuten abgelehnt. Diese Problematik sollte der Therapeut gelegentlich
selber ansprechen. Auf jeden Fall sollte er sie ermutigen, unverzüglich anzurufen, wenn sie sich ängstigen.

5. Kranke, die sich nicht helfen lassen können

In der Ambulanz wie in der Klinik begegnen wir immer wieder Patienten, die sich nicht helfen lassen können. Sie suchen die Behandlung auf, wenn sie akute ängstigende oder paranoide Symptome haben, oder wenn sie depressiv verstimmt sind. Sie brechen die Behandlung ab, sobald eine leidliche Besserung aufgetreten ist. Gerade solche Patienten leiden oft unter massiven Schwankungen ihres Befindens. Sie geraten immer wieder in suizidale Krisen. Sie lehnen eine Medikamentenbehandlung ab. Sie versuchen, vorzeitig die Arbeit wiederaufzunehmen und scheitern. Sie geraten in Beziehungskrisen, weil die Partner schließlich ebenfalls ihr Verhalten und die enormen Schwankungen ihres Befindens nicht mehr aushalten können.

Der Versuch, solche Kranke unter Rückgriff auf das Unterbringungsrecht zu einer kontinuierlichen Behandlung zu zwingen, scheitert in der Regel. Sobald der Zustand vorbei ist, der eine Unterbringung gegen den Willen rechtfertigt, entziehen sie sich erneut.

Solche Patienten sind vor allem in der Nachbehandlungsphase einem hohen Suizidrisiko ausgesetzt. Sie lösen bei Therapeuten und Betroffenen Rat- und Hilflosigkeit aus. In der Tat bleibt nicht viel mehr zu tun, als Geduld zu üben, ihnen nicht mit Ärger, sondern mit freundlicher Zuwendung entgegenzukommen und immer wieder darauf hinzuwirken, sich doch einer kontinuierlichen Behandlung zu unterziehen. Gelegentlich lernen die Betroffenen schließlich doch, aus ihren Erfahrungen mit der Erkrankung. Oft werden sie zu einer ständigen Geduldsprobe für Angehörige und Therapeuten. Ablehnung und Zurückweisung, und damit eine Erhöhung der Suizidgefahr, kann die Konsequenz sein. Auf negative Gegenübertragungskonstellationen ist bei der Behandlung solcher Patienten besonders zu achten.

6. Gibt es einen Werther-Effekt während der ambulanten Behandlung?

Die Frage nach einem Werther-Effekt in der ambulanten Behandlung erscheint auf den ersten Blick widersinnig. Die Patienten haben Einzelkontakte mit dem Therapeuten. Sie nehmen allenfalls gelegentlich an Gruppen teil; oder sie nehmen das Angebot eines Kaffeenachmittags wahr. Die Kontakte zwischen den Kranken scheinen eher gering zu sein. Doch dieser Eindruck täuscht. Gerade in Sozialpsychiatrischen Diensten, in Nachsorgeambulanzen und in psychiatrischen Beratungsstellen bleibt die Patientenklientel oft über Jahre stabil. In dieser Zeit entwickeln sich sehr wohl persönliche Bindungen und Kontakte. In unserer Ambulanz haben sie sich in Freundschaften, Partnerschaften und Eheschließungen niedergeschlagen. Deshalb müssen wir auch in der Ambulanz damit rechnen, daß ein Patientensuizid andere Kranke verstört und latente Suizidgedanken und Phantasien bei ihnen aktualisiert. Ein eindrucksvolles Beispiel dafür erlebten wir in unserer Tübinger Tagesklinik, wo die ambulanten Nachsorgepatienten viel heftiger auf einen Suizid reagierten als die Tagespatienten. Sie beschuldigten uns, wir würden ihre Mitpatienten verrecken lassen. Einer von ihnen dekompensierte völlig unter der Einwirkung der Nachricht des Suizids des ihm nur oberflächlich bekannten früheren Mitpatienten. Er drohte, er werde sich auch umbringen, aber vorher noch einen von uns mitnehmen. Er mußte stationär aufgenommen werden. Es dauerte Wochen, bis er sich wieder gefangen hatte.

Schlußbemerkungen

Die ambulante Arbeit mit suizidgefährdeten psychiatrischen Patienten ist für die Therapeuten mit hohen Belastungen verbunden. Die ambulante Tätigkeit bleibt weitgehend eine Arbeit ohne Netz. Nicht jede Unsicherheit beim Therapeuten kann ein Anlaß zur Einweisung des Kranken sein. Nicht jede begründete Einweisungsindikation kann auch durchgeführt werden, wenn der Kranke sich sträubt. Das Unterbringungsrecht greift nicht immer, wenn dies aus der Sicht des Therapeuten wünschenswert wäre. Der Gesetzgeber und die Gerichte haben einen breiten Ermessensspielraum zwischen dem Anspruch des Kranken auf Freiheit und Selbstbestimmung und der Abwehr einer dringlichen unmittelbaren Gefährdung gegen seinen Willen gelassen. Dieser wird von den Gerichten unter Inkaufnahme eines erhöhten Risikos zunehmend zugunsten von Freiheit und Selbstbestimmung interpretiert. Dem Therapeuten bleibt dann die Angst. Damit diese nicht in versteckte Aggressionen auf den Kranken umschlägt, ist es notwendig, daß er sich in regelmäßigen Teambesprechungen, in Balint-Seminaren oder in Einzelsupervision Entlastung verschaffen kann.

10 Nach dem Suizid

Jeder Patientensuizid ist ein katastrophales Ereignis. Er löst Angst, gelegentlich Panik aus. Er aktiviert Schuldgefühle. Er verstört Mitpatienten und Mitarbeiter der betroffenen Stationen. Er aktualisiert Suizidphantasien. Er kann zu einer massiven Störung des therapeutischen Klimas im gesamten Krankenhaus führen. Jeder Patientensuizid muß deshalb eine Krisenintervention im therapeutischen System nach sich ziehen.

In einer Situation, in der Kopflosigkeit angesagt ist, gilt es, einen kühlen Kopf zu bewahren, um den möglichen Schaden für Dritte zu begrenzen. Unmittelbar nach dem Suizid sind zunächst ganz konkrete Dinge zu regeln.

1. Suche nach Lebenszeichen

Bei der Entdeckung des Suizids gilt es zunächst, sich davon zu überzeugen, ob der Tod schon eingetreten ist oder ob eine Reanimation noch möglich ist. Wenn dies der Fall ist, muß sofort versucht werden, die Suizidhandlung abzubrechen, die auf der psychiatrischen Station auch heute noch meist im Erhängen oder im Erdrosseln besteht.

2. Die Sicherung des Suizidortes

Hat sich der Suizid auf der Krankenhausstation oder im Krankenhausgelände ereignet, muß der Suizidort gesichert werden. Patienten, die sich in der Nähe aufhalten, sollen in den Tagesraum bzw. auf ihre Station geschickt werden. Der Raum, in dem der Suizid sich ereignet hat, muß verschlossen werden. Die verantwortlichen Mitarbeiter des Krankenhauses sind spatestens zu diesem Zeitpunkt zu benachrichtigen.

3. Die Information der Kriminalpolizei

Ein Suizid ist ein unnatürlicher Tod, der zwingend ein Ermittlungsverfahren der Staatsanwaltschaft nach sich zieht. Die sofortige Information der Kriminalpolizei ist deshalb unabdingbar, damit Fremdverschulden ausgeschlossen werden kann. Eine Verzögerung der Benachrichtigung der Polizei zieht die Ermittlungen in die Länge und kann unnötige Unannehmlichkeiten zur Folge haben.

Die Polizei ist bei ihren Ermittlungen zu unterstützen. Besteht Anlaß zu der Befürchtung, daß ein Mitarbeiter ein Verschulden trifft, so sollte dieser von seinen Dienstvorgesetzten unbeschadet dieser Verpflichtung auf sein Aussageverweigerungsrecht hingewiesen werden. Das gilt vor allem, wenn er verstört ist oder unter Schockeinwirkung steht.

Die Polizei muß auch informiert werden, wenn ein Suizidversuch nicht auf der Stelle zum Tod führt, eine Rettung aber unwahrscheinlich ist. Auch hier verkürzt die unmittelbare Klärung der Situation die Ermittlungen zum Vorteil aller Beteiligten.

4. Die Klärung der Situation auf der Station

Parallel zur Information der Polizei muß geklärt werden, in welcher Weise die Patienten der Station oder der Abteilung, wo sich der Suizid ereignet hat, mitbetroffen sind. Zu dieser Klärung gehört es auch, in Erfahrung zu bringen, zu welchen Patienten von anderen Abteilungen der Kranke nähere Beziehungen gehabt hat. Klärende und stützende Gespräche mit Patienten, die beim Suizid anwesend waren oder dazugekommen sind, müssen unverzüglich durchgeführt werden. Andere Mitpatienten, zu denen der Patient nähere Kontakte gehabt hat, müssen benachrichtigt werden, bevor die Information auf anderem Wege zu ihnen gekommen ist. Unter den Bedingungen unserer Psychiatrie entwickeln sich bei längerem Krankenhausaufenthalt nicht selten freundschaftliche oder Liebeskontakte zwischen Patienten. Ein Suizid kann diese mitbetroffenen Patienten ebenso schwer oder schwerer erschüttern wie die Angehörigen. Gegebenenfalls sind Maßnahmen zur Suizidprophylaxe zu treffen.

5. Die Information der Angehörigen

Die Information der Angehörigen soll möglichst schonend erfolgen. Nach Möglichkeit soll sie durch einen Mitarbeiter durchgeführt werden, der den Patienten gekannt und Kontakte zu den Angehörigen gehabt hat. Im Zeichen der Ereignisse nach der Hektik nach dem Suizid darf es nicht geschehen, daß die telefonische Information an minderjährige Kinder erfolgt, die zufällig den Hörer abnehmen. Gegebenenfalls muß um unverzüglichen Rückruf durch ein erwachsenes Familienmitglied gebeten werden. Die telefonische Information soll kurz und präzise gehalten sein. Sie muß das Angebot eines ausführlichen Gespräches enthalten, ggf. noch am gleichen Tag. Bei besonders brutalen Suizidmethoden kann es schon zu diesem Zeitpunkt sinnvoll sein, einen gefaßten Angehörigen darüber zu beraten, ob er sich mit der Leiche konfrontieren will. Schuldvorwürfe von seiten der Angehörigen sollten beim Erstgespräch hingenommen und – auch wenn sie ungerecht sind – erst bei einem späteren ausführlichen Gespräch geklärt werden. In diesem Gespräch sollen die Angehörigen auch Gelegenheit haben, über ihre eigenen Gefühle zum Suizid, über Gefühle von Mitverantwortlichkeit und Schuldgefühle zu sprechen.

6. Die Information der Mitpatienten

In der hohen Zeit der therapeutischen Gemeinschaft war es weithin üblich, die Mitpatienten auf der Station in einer ad hoc einberufenen Gruppensitzung mit der Nachricht vom Suizid zu konfrontieren, bevor sie von anderer Seite davon erfahren hatten. Dieses heroische Vorgehen wird heute mehr und mehr in Zweifel gezogen und zugunsten der oben skizzierten gezielten Benachrichtigung einzelner besonders betroffener anderer Kranker verlassen. Die sofortige Information der Stationsrunde durch Therapeuten, die selber noch verstört sind, kann sich eher negativ auswirken. Es spricht nichts dagegen, die Nachricht über die besonders betroffenen Mitpatienten zunächst in die Station einsickern zu lassen und erst später das Angebot zu machen, in der Stationsgruppe darüber zu sprechen.

Auf Stationen mit längerer Verweildauer, auf Rehabilitationsstationen und Tageskliniken etwa, ist das Gespräch in der Gruppe unabdingbar, zumal solche Einheiten in aller Regel nach Gruppenkonzepten geführt werden. Auf Akutstationen mit kurzer Verweildauer und geringem Gruppenzusammenhang muß die Bereitschaft dazu bestehen. Aber das Gespräch sollte nicht von den Therapeuten erzwungen werden. Erhöhte Aufmerksamkeit gegenüber der Aktualisierung von Suizidphantasien bei anderen ist in jedem Fall geboten. Zu dem Gespräch mit den Patienten kann auch die Bitte um Diskretion gegenüber Nichtbeteiligten gehören.

Das Gespräch mit den Mitpatienten hat neben der suizidprophylaktischen auch eine psychohygienische Funktion. Die Mitpatienten fragen sich oft ebenso wie die Therapeuten, ob sie etwas hätten tun können, um den Suizid zu verhindern. Gar nicht selten sind sie die Adressaten von Suizidankündigungen gewesen, die sie erst im Nachhinein als solche begreifen. Oder sie sind vom Toten aufgefordert worden, Mitteilungen über Suizidalität für sich zu behalten, damit die Therapeuten nicht mit der Sperre von Ausgang und Urlaub bei der Aufschiebung der geplanten Entlassung darauf reagieren. Schuldgefühle sind die Folge. Sie müssen angesprochen und bearbeitet werden.

7. Anteilnahme und Trauer

Ein Suizid im Krankenhaus ist ein Ereignis, das neben Betroffenheit auch Trauer auslöst. Je länger der Patient in der Klinik behandelt worden ist, um so intensivere Beziehungen haben sich zwischen ihm und seinen Mitpatienten, aber auch von einigen Therapeuten zu ihm entwickelt. Das gilt vor allem für Behandlungseinheiten, die nach dem Prinzip der therapeutischen Gemeinschaft durchgeführt werden, vor allem Rehabilitationsstationen, Tageskliniken, Psychotherapiestationen. Das gilt in geringerem Maße für Akutstationen mit hoher Patientenfluktuation und gelegentlich auch für klassische Langzeitstationen, auf denen ein hohes Maß an Individualisierung und sozialer Isolierung wachsen kann.

Zur Trauer kann die Teilnahme an den Trauerfeierlichkeiten gehören. Wenn Mitpatienten den Wunsch haben, am Trauergottesdienst oder an der Beerdigung teilzunehmen, so ist das ernst zu nehmen und nach Möglichkeit zu unterstützen. Gegebenenfalls ist das Angebot der Begleitung von Mitarbeitern des therapeutischen Teams notwendig. Aus der Teilnahme an der Beisetzung darf aber keinesfalls eine »Gruppenaktivität« gemacht werden, die die Patienten verdeckt zur Teilnahme nötigt.

Auch für die von dem Suizid unmittelbar betroffenen Mitarbeiter kann die Teilnahme an der Beisetzung zum Teil des eigenen Bewältigungsprozesses werden. Insbesondere wenn eine langandauernde therapeutische Beziehung bestanden hat, sollte dies bedacht und besprochen werden.

8. Der Abschluß des Krankenblattes

Sobald die unmittelbar erforderlichen Interventionen gegenüber Patienten, Mitarbeitern und Angehörigen erfolgt sind, ist das Krankenblatt abzuschließen. Der Verlauf bis zum Tag des Suizids ist nachzutragen. Dazu gehört eine Beschreibung des psychopathologischen Befundes, des Eindrucks, den der Betroffene auf den verantwortlichen Arzt und die Mitarbeiter der Station gemacht hat. Nach Suizidvorankündigungen gegenüber Dritten, auch gegenüber Patienten, sollte mit Vorsicht geforscht werden.

Aufzeichnungen über Reaktionen und Gefühle nach dem Suizid, insbesondere über Schuldgefühle und ihre psychodynamischen Hintergründe, gehören nicht ins Krankenblatt. Auch etwaige Protokolle über Nachbesprechungen im Team oder in der Krankenhauskonferenz, die Spekulationen und Hypothesen mannigfacher Art enthalten können, sollen an einem anderen Ort verwahrt werden.

Schließlich ist eine Epikrise zu verfassen, die den Behandlungsverlauf mit allen erfolgten Maßnahmen zusammenfaßt. Aus der Epikrise muß ersichtlich sein, daß die Behandlung durch Suizid beendet wurde.

Die Epikrise ist ein Dokument, durch das die ordnungsgemäße und kunstgerechte Behandlung dokumentiert wird. Im Anschluß an ein Ereignis, das Vorwürfe und Nachfragen nach sich ziehen kann, ist sie entsprechend mit besonderer Sorgfalt zu erstellen. Durch sie werden einweisende Ärzte und der Hausarzt informiert. Sie wird noch vor dem Verlauf kritisch geprüft, wenn im Rahmen eines Ermittlungsverfahrens die Krankenakten beigezogen werden. Das Krankenblatt ist vom Stationsarzt und vom verantwortlichen Oberarzt auf Vollständigkeit zu überprüfen. Wenn sich im Rahmen des Ermittlungsverfahrens Unklarheiten ergeben, sind notwendige Nachträge mehr als Schönheitsfehler.

9. Die Meldung des Suizids an Krankenhausleiter und Krankenhausträger

Unabhängig vom Abschluß des Krankenblattes muß eine unverzügliche Meldung über das Suizidereignis an den Krankenhausleiter, und durch diesen an den Krankenhausträger erfolgen. Die Erstinformation erfolgt in aller Regel telefonisch.

Krankenhausträger legen besonders dann Wert auf die sofortige Information, wenn der Suizid sich unter spektakulären Umständen ereignet hat, wenn Pressemeldungen zu erwarten sind oder wenn die Möglichkeit des Verschuldens von Mitarbeitern besteht.

In den meisten Krankenhäusern ist es üblich, daß dem Krankenhausleiter je ein Bericht der verantwortlichen Mitarbeiter des pflegerischen und des ärztlichen Dienstes vorgelegt wird. Der Bericht von seiten des verantwortlichen Krankenpflegers soll eine kurze Beschreibung der Umstände enthalten. Der Bericht des Arztes muß alle Informationen über den Patienten und seine Krankheit enthalten, die es dem Dienstvorgesetzten ermöglichen zu beurteilen, ob eine sorgfältige und kunstgerechte Behandlung durchgeführt worden ist. Der Bericht soll kurz sein, keine selbstkritischen Äußerungen von Schuldgefühlen und keine komplexen psychodynamischen Überlegungen enthalten.

Dagegen muß er eine Reihe von konkreten Informationen vermitteln: Diagnose, Alter, Geschlecht. Ob der Patient sich freiwillig im Krankenhaus aufgehalten hat oder nicht; ob er sich auf einer offenen oder geschlossenen Station befunden hat; wie der Krankheitsverlauf war; in welcher Weise er behandelt worden ist – dazu gehört auch eine Angabe der letzten Medikation; ob frühere Suizidversuche bekannt sind; ob der Patient während des letzten Aufenthaltes, insbesondere in den Tagen vor dem Tod als suizidgefährdet galt; welche Maßnahmen ergriffen worden sind, um einer möglichen Gefährdung entgegenzuwirken. Warum bei einer bekannten Gefährdung trotzdem Ausgang oder Urlaub gewährt worden ist. Abschließend muß der Bericht eine Stellungnahme enthalten, daß Mitarbeiter des pflegerischen Dienstes – wenn dies zutrifft – kein Verschulden trifft.

Der Bericht des Ärztlichen Leiters an den Krankenhausträger muß den Zusatz enthalten, daß dieser – wenn dies zutrifft – nach eingehender Prüfung des Geschehens zu dem Schluß gelangt ist, daß Mitarbeiter des Krankenhauses kein Verschulden trifft. Wenn Zweifel bestehen, muß berichtet werden, welche Maßnahmen getroffen worden sind, um eine Wiederholung zu vermeiden. Oft tut der Krankenhausleiter gut daran, nicht den Bericht des Stationsarztes einfach weiterzuleiten, sondern diesen in einer eigenen Stellungnahme zu präzisieren.

10. Die Nachbesprechung im Team

Jeder Suizid muß auf der betroffenen Station nachbesprochen werden. Diese Nachbesprechung soll in Abwesenheit von Disziplinarvorgesetzten erfolgen, damit ein offenes Gespräch, ohne Furcht vor dienstrechtlichen Folgen möglich ist. In einem Stationsteam, das gut zusammenarbeitet, können Schuldgefühle und Vorwürfe bis zu einem gewissen Grad offen ausgesprochen werden. Es ist eher selten, daß der Patientensuizid die Folge von schweren Fehlleistungen ist. Diese sind dann für alle Beteiligten offensichtlich. Viel häufiger ist es, daß man von hintenher das Gefühl hat, man hätte dieses oder jenes anders machen können. Es ist für die Psychohygiene der einzelnen Mitarbeiter und des Teams wichtig, daß solche Gefühle und Meinungen angesprochen werden können. In der Regel sind solche Nachbesprechungen für alle Beteiligten mit Entlastung und Erleichterung verbunden.

11. Die Nachbesprechung in der Krankenhauskonferenz

Suizide im Krankenhaus dürfen nicht unter den Tisch gekehrt werden. Bei uns hat es sich bewährt, jeden Suizid in der allgemeinen Krankenhauskonferenz nachzubesprechen, an der neben Ärzten, Psychologen und Sozialarbeitern auch die leitenden Krankenpfleger und der Verwaltungsleiter teilnehmen. Das psychiatrische Krankenhaus ist ein komplexes soziales System, in dem sich leicht Gerüchte verbreiten. Diesen ist am besten durch Information entgegenzuwirken, die mittelbar auch den Berufsgruppen zugänglich sein müssen, die nicht unmittelbar an der Therapie beteiligt sind. Entsprechend der Größe des Kreises sollten aber nur die wesentlichsten Informationen erfolgen und Schlußfolgerungen für die künftige Arbeit erörtert werden.

Jeder Suizid im Krankenhaus muß Anlaß sein, die Vorkehrungen zur Suizidprophylaxe zu überprüfen und die Mitarbeiter zur Wachsamkeit zu mahnen. Die Möglichkeit von Nachfolgesuiziden muß angesprochen werden. Dabei besteht möglicherweise ein Dilemma zwischen der Notwendigkeit der Information der Mitarbeiter und der Gefahr, durch die Information zur Entwicklung eines suizidalen Klimas im Krankenhause beizutragen.

12. Das Gesprächsangebot an die hauptbetroffenen Therapeuten

Über der Sorge um die Mitpatienten, das Stationsteam und die Funktionsfähigkeit des Krankenhauses als therapeutisches System dürfen wir die hauptbetroffenen Mitarbeiter nicht vernachlässigen. Wo mit gruppentherapeutischen Konzepten gearbeitet wird, gibt's immer Therapeuten, bei denen die Hauptverantwortung liegt, die unmittelbar und direkt in einer therapeutischen Beziehung zu dem Patienten gestanden haben, der sich suizidiert hatte. Angesichts dessen, was wir im 7. Kapitel über die psychischen Belastungen bei der Behandlung von Suizidgefährdeten ausgeführt haben, muß klar sein, daß er in der Phase unmittelbar nach dem Suizid der Unterstützung bedarf. Er muß Gelegenheit haben, sich bei einer Person seines Vertrauens auszusprechen, auch seine Zweifel und gegebenenfalls Selbstvorwürfe zu äußern.

Gerade der unmittelbar verantwortliche Therapeut gerät nicht selten in eine Falle. Auf der einen Seite muß er gegenüber der Institution deutlich machen, daß er korrekt gehandelt hat. Auf der anderen Seite ist er voller belastender Gefühle und Zweifel, die er mitteilen muß. Schon aus diesem Grund ist es ratsam, eine Rollenteilung vorzunehmen: Das Mitglied der Krankenhausleitung, das die Aufgabe der Klärung der Suizidumstände übernommen hat, kann, von Ausnahmen abgesehen, nicht gleichzeitig die Unterstützungsfunktion übernehmen.

Die Betreuung der unmittelbar betroffenen Mitarbeiter nach einem Suizid hat in mancher Hinsicht Ähnlichkeiten mit einer psychotherapeutischen Krisenintervention. Zunächst geht es um Beruhigung, letzten Endes um Unterstützung und Trost. In einem zweiten Schritt geht es um Klärung. Die Umstände des Suizids, die Beziehung zwischen Therapeut und Patient, die psychodynamische Konstellation vor dem Suizid müssen besprochen und reflektiert werden. In einer dritten Phase können dann weitergehende Interventionen zur emotionalen Bewältigung des Suizids notwendig sein. Ergebnis eines solchen Klärungsprozesses kann auch die Erkenntnis sein, daß man in seiner jetzigen Lebenssituation, angesichts des derzeitigen Ausbildungsstandes oder mit Rücksicht auf die eigene Persönlichkeit keine suizidgefährdeten Patienten behandeln sollte.

13. Wenn strafrechtliche Konsequenzen drohen

Bei jedem Suizid ist die Staatsanwaltschaft, wie bei jedem anderen unnatürlichen Todesfall, verpflichtet, ein Ermittlungsverfahren einzuleiten. Meist handelt es sich dabei um eine

181

Routineangelegenheit, die dem Ausschluß von Fremdverschulden dient. Die Ermittlungen werden von der Kriminalpolizei durchgeführt, die ihr Hauptaugenmerk auf den Ausschluß des Tötungsdeliktes oder eines Unfalls richten. Beim
Suizid wird zunächst einmal unterstellt, daß der Betroffene in
eigener Verantwortung gehandelt hat. Das gilt in weitem
Umfang auch dann, wenn der Betroffene sich freiwillig auf
der offenen Station eines psychiatrischen Krankenhauses aufgehalten hat. Sie gilt nur noch in geringem Maße, wenn der
Patient gegen seinen Willen in eine geschlossene Abteilung
eingewiesen woden ist.

Aber auch dann zielen die Ermittlungen eher selten auf
mögliche inhaltliche Behandlungsfehler. Sie konzentrieren
sich auf offensichtliche Fahrlässigkeit und auf Regelverstöße.
Sie gehen nicht der Frage der Angemessenheit einer psychotherapeutischen Intervention nach. Sie versuchen vielmehr zu
klären, wieso ein Patient sich außerhalb der Station aufgehalten hat, obwohl er keinen Ausgang hatte; auf welche Weise er
zu den Medikamenten oder dem Elektrokabel gekommen ist,
obwohl er sich im Wachsaal aufhielt; warum Fenster oder
eine Balkontür auf einer geschlossenen Station regelwidrig
geöffnet waren.

Wenn schwerwiegende Fehler begangen worden sind,
wenn die Ermittlungen über die übliche Routine hinaus gehen,
spätestens wenn ein Mitarbeiter nicht mehr als Zeuge, sondern
als Beschuldigter einvernommen werden soll, ist es Zeit, an-
waltlichen Rat einzuholen. Die juristische und die therapeutische Sichtweise sind so unterschiedlich, daß man sich ohne
rechtliche Hilfe nur schwer angemessen verteidigen kann. Die
emotionale Betroffenheit durch den vorangegangenen Suizid
macht das nicht leichter. Die meisten Ermittlungsverfahren
werden am Ende ohne Gerichtsverhandlung eingestellt. Sie
können dennoch zu einer langwierigen und schweren Belastung werden.

Die Behandlung des suizidgefährdeten Patienten zwingt
uns zu mannigfachen Ermessensentscheidungen. Diese sind

je nach Standpunkt für unterschiedliche Beurteilungen offen. Was für den einen unterlassene Hilfeleistung ist, ist für den anderen schon Freiheitsberaubung. Mit diesem Dilemma, mit den Grenzen zur Verantwortung und den Grenzen unserer Entscheidungsfreiheit, wie jenen der Entscheidungsfreiheit des Patienten werde ich mich im nächsten Kapitel befassen.

11 Zwischen Freiheitsberaubung und unterlassener Hilfeleistung: Grenzen der Entscheidungsfreiheit – Grenzen der Verantwortung

1. Grenzen der Entscheidungsfreiheit

Der Patientensuizid ist in seinen Auswirkungen eine Bedrohung unserer beruflichen und persönlichen Identität. Er dokumentiert unser Scheitern, er provoziert Schuldgefühle und Angst. Diese Angst beschränkt sich nicht nur auf die Erwartung des nächsten Suizids, der gewiß kommen wird. Sie erstreckt sich auch auf mögliche strafrechtliche Konsequenzen.

In den letzten Jahren sind immer wieder Strafverfahren gegen Mitarbeiter psychiatrischer Einrichtungen durchgeführt worden, denen im Zusammenhang mit Patientensuiziden schuldhaftes Verhalten vorgeworfen wurde. In Einzelfällen ist es auch zu Verurteilungen gekommen. In anderen Fällen sind Urteile vom Bundesgerichtshof aufgehoben und durch grundsätzliche Überlegungen des BGH in ihren Auswirkungen zurechtgerückt worden. Entgegen den Befürchtungen und den Unkenrufen vieler Mitarbeiter psychiatrischer Einrichtungen ist bis heute kein Urteil bekanntgeworden, das uns in unseren Möglichkeiten eine offene, menschliche, auf den einzelnen Patienten ausgerichtete Psychiatrie zu betreiben einschränkt. Auch jenes Urteil des Bundesgerichtshofs aus dem Jahre 1985 in einem Zivilverfahren, das so heftige Reaktionen der Deutschen Gesellschaft für Selbstmordverhütung und anderer Verbände hervorgerufen hat, tut dies nicht (vgl. ANKERMANN 1988).

In der Sache ging es in diesem Verfahren um die Frage der Haftung eines Krankenhausträgers gegenüber der Krankenversicherung eines Patienten mit einer schizophrenen Psychose, der sich innerhalb kurzer Zeit zum zweiten Mal in einen Treppenhausschacht des behandelnden Krankenhauses gestürzt hatte. Der Krankenhausträger hatte die Forderung der Krankenversicherung mit der Begründung zurückgewiesen, nicht die Behandelnden, sondern der Patient selber sei für den Suizidversuch verantwortlich gewesen. Der BGH hat in seinem Urteil nicht zur Sache selber Stellung genommen. Er hat lediglich dieses Argument als unzulässig zurückgewiesen. Ein Kranker, der wegen Suizidgefährdung ins psychiatrische Krankenhaus komme, könne nicht die Verantwortung für einen Suizidversuch zugewiesen bekommen.

Der Bundesgerichtshof hätte mit Gewißheit anders geurteilt, wenn der Krankenhausträger so argumentiert hätte: Nach dem ersten Suizidversuch sei der Patient über Wochen intensiv behandelt worden. In dieser Zeit sei es zu einer deutlichen Besserung gekommen. Die Suizidalität habe nicht mehr bestanden, sei zumindest nicht mehr erkennbar gewesen. Deshalb sei es vertretbar gewesen, dem Kranken wieder Ausgang zu erteilen, nachdem sich die Ärzte mit aller Sorgfalt davon überzeugt hätten. Dies hat er zumindest bei der Aufhebung des Urteils gegen einen Dürener Arzt getan. Dieser war durch das Landgericht Aachen verurteilt worden, nachdem er seine depressive Patientin, die erst kurz zuvor wegen eines Suizidversuchs eingewiesen worden war, vorübergehend unbeaufsichtigt gelassen hatte. Vor dem Landgericht hatte er vergeblich geltend gemacht, er habe sich in einem intensiven Gespräch davon überzeugt, daß keine unmittelbare Gefahr mehr vorgelegen habe. Das Landgericht hatte ihn verurteilt, weil er nach den »überzeugenden« Ausführungen eines psychiatrischen Sachverständigen nicht entsprechend den Regeln der Kunst gehandelt habe. Der Bundesgerichtshof hingegen akzeptierte diese Argumentation. (Vgl. BOCHNIK u. a. 1984)

185

Der Verlauf des Verfahrens gegenüber dem Dürener Arzt macht deutlich, daß nicht nur bei der rechtlichen Beurteilung des Patientensuizids Unsicherheiten bestehen, sondern auch in der Beurteilung durch Psychiater. Die »liberalere« Handhabung der Unterbringung auf geschlossenen Stationen spielt in der Diskussion um den Suizid psychiatrischer Klinikpatienten eine wichtige Rolle. Dahinter versteckt sich die Unterstellung, würden wir uns anders verhalten – »konservativer« könnten wir manchen Suizid vermeiden. Der Preis, den wir für die neue Psychiatrie zahlten, sei zu hoch. Aber können wir uns anders verhalten?

Nicht nur die Psychiatrie hat sich verändert. Auch die gesetzlichen Bestimmungen und die Rechtsprechung im Hinblick auf die Klinikeinweisung des psychisch Kranken gegen seinen Willen hat einen Wandel erfahren. Die Psychisch-Kranken-Gesetze der Länder stecken einen engen Rahmen. Sie messen den Freiheitsrechten der Kranken ein größeres Gewicht bei, als dies im alten Polizeirecht der Fall war. Die Richter haben darüber hinaus die Tendenz, die Möglichkeiten der Behandlung gegen den Willen, die das Gesetz einräumt, außerordentlich eng zu interpretieren, wenn die Entscheidung über freiheitsentziehende Maßnahmen ansteht. Sie werden dabei von der Rechtsprechung des Bundesverfassungsgerichts gedeckt. Die Psychiatrie kann diese Abkehr der Rechtspraxis von der Verwahrpsychiatrie im Prinzip nur begrüßen.

Das Niedersächsische Psychisch Krankengesetz (Nds. PsychKG) z. B. nennt im § 12 als Voraussetzungen der Unterbringung:

1. die dringende Gefahr, »daß sich der Betroffene infolge einer Krankheit, Störung oder Behinderung... schwerwiegenden gesundheitlichen Schaden zufügt, oder

2. das durch die Krankheit, Störung oder Behinderung bedingte Verhalten des Betroffenen aus anderen Gründen eine dringende Gefahr für die öffentliche Sicherheit oder Ordnung darstellt,

und die Gefahr auf andere Weise nicht abgewendet werden kann.«

Die Erfahrung zeigt, daß eine Unterbringung fast nie zu erreichen ist, wenn die Klinikeinweisung gegen den Willen aufgrund der ersten im Gesetz genannten Unterbringungsmöglichkeit beantragt wird. Die dringende Gefahr, daß sich der Betroffene infolge seiner Krankheit schwerwiegenden gesundheitlichen Schaden zufügt, wird von Ärzten und Juristen offenbar sehr unterschiedlich beurteilt. Für Richter und beigeordnete Anwälte wird diese gleichgesetzt mit dem unmittelbar drohenden Tod oder der schweren Körperverletzung, nicht aber mit der sicheren Verschlimmerung der Erkrankung. Die erkennbare Suizidalität ist eine solch dringende Gefahr. Aber diese wird durch die im zweiten Absatz genannten Unterbringungsvoraussetzungen – der Gefahr für die öffentliche Sicherheit und Ordnung – abgedeckt.

Ich will die Schwierigkeiten, die daraus erwachsen am Beispiel eines tragischen Einzelfalls darstellen:

2. Das Beispiel

Der neununddreißigjährige Beamte Helmut H. wird an einem Samstag durch den Notarzt in die psychiatrische Klinik eingewiesen. Sein Verhalten ist seit zwei Tagen verändert. Er spricht fremde Leute an. Er meint, wenn er ihre Stimme höre, könne er auf ihr Sternkreiszeichen rückschließen und wisse über ihr künftiges Schicksal Bescheid. Er besteht gegenüber seiner Frau darauf, wegen unverhoffter großartiger Erkenntnisse und Einsichten vor einem Gremium auserlesener Menschen sprechen zu wollen. Seine Frau ist beunruhigt als er immer wieder in den Garten und in den Wald geht und die Bäume umarmt.

Bei der Aufnahme ist der Patient ängstlich gespannt. Es besteht ein Rededrang bei verworrenem Denken. Er hört offensichtlich Stimmen, die ihn ängstigen, und äußert Wahngedanken mit astrologischen und religiösen Inhalten. Wörtlich sagt er in einem Gespräch am Aufnahmetag: »Ich habe die Formel gefunden, und zwar am 22.10.1944 um 15.00 Uhr. Ich bin nicht irre. Ich bin gläubig... Plus – minus, plus – minus. Ich bin ein Arzt. Ich habe den Spannungskomplex der Ehe begriffen. Ich kann Ihnen helfen. Ich bin nicht Jesus. Ich brauche elf Leute dazu. Ich kenne die kosmische Interferenz-formel. Ich brauche das harmonische Spannungsfeld. Ich habe die kosmische Energie abgeleitet in einen Baum. Die seelisch Kranken sind gesünder als die Normalen. Das werde ich beweisen. Ich habe den Durchblick. Jetzt geht es darum, daß ich meine Ansichten an die Öffentlichkeit bringe. Ich möchte ein Grundgesetz aufschreiben. Ich bin der Gegenpol Hitlers. Ich muß aggressiv sein. Ich kann alle in die Luft gehen lassen. Ich möchte Seelsorger werden.«

Der Patient leidet an einer schweren akuten Psychose aus dem schizophrenen Formenkreis. Er gerät auf der Station in einen schweren Erregungszustand und muß hoch dosiert mit Haloperidol behandelt werden. Da er keine Einsicht in seine Krankheit hat und sich gegen die Behandlung wehrt, wird unverzüglich eine Unterbringung auf der Grundlage des Psychisch Krankengesetzes beantragt. Die richterliche Anhörung erfolgt zwei Tage danach. Zu diesem Zeitpunkt steht der Patient unter der extrem hohen Medikation von 60 mg Haloperidol und 250 mg Neurocil täglich. Nach anderthalbstündigem zähem Ringen zwischen dem behandelnden Arzt, dem Richter, dem beigeordneten Anwalt, dem Patienten und dessen Ehefrau wird der Antrag zurückgewiesen. In der Begründung heißt es:

»Aufgrund der ärztlichen Stellungnahme und des von dem Betroffenen bei der richterlichen Anhörung gewonnenen Eindrucks liegen hinreichende Anhaltspunkte dafür vor, daß der Betroffene an einer Krankheit, Störung oder Behinderung im Sinne des § 1 Nr. 1 Nds. PsychKG leidet. Daß er sich infolge dieser Krankheit, Störung oder Behinderung schwerwiegenden gesundheitlichen Schaden zufügt oder anderen schwerwiegenden gesundheitlichen Schaden zuzufügen droht, konnte dagegen nicht festgestellt werden. Der Stationsarzt, Herr K., hat den Befund der akuten paranoiden Psychose mit einer Fülle von astrologisch-religiösen Wahnideen bezeichnet (sic).

Zur Frage der Selbstgefährdung wurde die Ehefrau des Betroffenen gehört. Danach haben sich keine Anhaltspunkte dafür ergeben, daß der Betroffene in seinem augenblicklichen Zustand eine Gefahr für sich oder Dritte darstellt. Der Anhörung des Betroffenen konnte keine besondere Bedeutung beigemessen werden. Er stand ersichtlich unter starker Medikamenteneinwirkung. Die allgemeine Befürchtung, der Betroffene könne durch seinen augenblicklichen Geisteszustand Schaden erleiden, rechtfertigt eine Freiheitsentziehung nicht.

Die Ehefrau hat zugesagt, den Betroffenen zur ambulanten Behandlung zu bringen. Der Betroffene hat eine zustimmende Äußerung abgegeben.«

Der Patient mußte auf der Stelle entlassen werden. Die für die Unterbringungsverfahren zuständige Verwaltungsbehörde verzichtete wegen Aussichtslosigkeit auf eine Beschwerde. Ein Beschwerderecht der Klinik ist im Gesetz nicht vorgesehen.

Er verließ die Klinik im Zustand einer akuten Psychose unter der Medikation von 45 mg Haloperiodol und 100 mg Neurocil täglich und begab sich am darauffolgenden Tag in ambulante Behandlung. Die behandelnde Ärztin notiert: »Es fiel Herrn H. sichtlich schwer, auf meine Fragen zu antworten. Er konnte sich kaum konzentrieren. Manchmal hielt er sich für eine andere Person... Meiner Meinung nach hat Herr H. zu seinem Krankheitserleben noch keine Distanz gewonnen. Er kann auch seine Krankheit nicht als solche ansehen. Er ist jedoch bereit, sich ambulant behandeln zu lassen.« Der behandelnden Ärztin erscheint es unvertretbar, die Medikation zu verändern. Ihr erscheint es im Prinzip ebenso unvertretbar, bei der Akutheit des Krankheitsbildes und der erforderlichen Menge an Medikamenten eine

189

ambulante Behandlung durchzuführen. Aber der Patient und die begleitende Ehefrau sind keinen Argumenten zugänglich.

Eine unmittelbare Suizidgefährdung wird bei diesem Besuch ebensowenig gesehen wie bei zwei späteren Konsultationen. Bei der dritten Vorstellung – eine Woche nach der Entlassung – klagt der Patient über Müdigkeit. Er sei nicht in der Lage, irgend etwas zu tun. Er sitze nur in der Ecke und döse vor sich hin. Er berichtet, daß er mit seinem Ich noch gelegentlich etwas durcheinanderkomme. Manchmal halte er sich für eine andere Person, wisse dann aber sehr bald, daß er doch er selber sei.

Einen Tag danach erschießt Herr H. sich mit seiner Dienstwaffe. Die Ehefrau gerät in eine schwere psychische Krise und wird über einen Zeitraum von mehr als einem Jahr selber behandlungsbedürftig.

3. Grenzen der Verantwortung

Bei rückblickender Betrachtung stellt sich die Frage, ob der behandelnde Arzt alle Möglichkeiten ausgeschöpft hat, dem Richter die mit der Entlassung verbundenen Gefahren darzustellen und ob es nicht doch Möglichkeiten gegeben hätte, die aus psychiatrischer Sicht unbedingt notwendige stationäre Behandlung durchzusetzen. Aus damaliger Sicht erschien das aussichtslos, nachdem die Verwaltungsbehörde auf ihr Beschwerderecht verzichtet hatte. Das galt insbesondere, als eine Suizidgefährdung nicht erkennbar und vom Patienten und der Ehefrau gegenüber dem Richter nachdrücklich zurückgewiesen worden war. Entsprechend hatte dieser in seiner Begründung formuliert: »Die allgemeine Befürchtung, der Betroffene könne durch seinen augenblicklichen Geisteszustand Schaden erleiden, rechtfertigt eine Freiheitsentziehung nicht.« Das Argument, der Zustand einer akuten schizophrenen Psychose sei immer mit einer Suizidgefährdung verbunden, akzeptierte er nicht.

Die nachbehandelnde Ärztin geriet in eine prekäre Situation: Der Richter hatte dem Kranken mit Zurückweisung des Antrages auf Unterbringung die Auflage erteilt, sich in ambulante psychiatrische Behandlung zu begeben. Die Ärztin war genötigt, diese Behandlung unter Bedingungen zu übernehmen, die ein Straf- oder Zivilrichter bei einem Zwischenfall unter anderen Umständen vermutlich als Kunstfehler betrachten würde. Dennoch konnte sie die Behandlung nicht zurückweisen, weil sie damit eine noch größere Gefahr für den Kranken heraufgeschwören hätte.

Bei dem vorgetragenen Bericht handelt es sich gewiß um einen tragischen Einzelfall. Er wirft dennoch ein Schlaglicht auf die Situation des behandelnden Arztes im psychiatrischen Krankenhaus. Beim behandlungsunwilligen Patienten ist die Durchsetzung der notwendigen therapeutischen Maßnahmen nicht in sein alleiniges Ermessen gestellt. Die Grenzen für die zwangsweise Unterbringung werden eng gezogen. Dieser Respekt vor dem Freiheitsrecht unserer Patienten ist zu begrüßen. Wir dürfen jedoch nicht übersehen, daß manche von ihnen dafür einen hohen Preis bezahlen. Die zögernde Anwendung der Möglichkeit der Klinikeinweisung zur Abwendung eines schweren gesundheitlichen Schadens führt ja nicht nur zur Zurückweisung einzelner Unterbringungsanträge. Sie bedingt zugleich, daß bei zahlreichen Patienten, die krank und behandlungsbedürftig sind und die nach ärztlichem Ermessen schweren Schaden erleiden werden, wenn sie sich der Behandlung entziehen, gar kein Antrag auf Unterbringung mehr gestellt wird.

Der verantwortungsbewußte Umgang mit dieser Rechtslage führt dazu, daß die behandelnden Ärzte die Behandlungs- und Unterbringungsbedingungen im psychiatrischen Krankenhaus vermehrt mit dem Kranken aushandeln müssen, um einem Therapieabbruch vorzubeugen. Außer im Zustand der akuten Psychose und der sichtbaren, vom Patienten eingeräumten Suizidgefahrdung ist es schwer, dem Kranken, der darauf besteht, den Ausgang von der Station oder den Wochenendurlaub zu verweigern. Die Behandlung auf der geschlossenen Station ist nur mit dessen Zustimmung möglich. Besteht der verantwortliche Therapeut dennoch darauf, besteht die Gefahr des vorzeitigen Behandlungsabbruchs gegen ärztlichen Rat, der angesichts der hohen Suizidgefährdung unmittelbar im Anschluß an die Krankenhausentlassung nur schwer zu verantworten ist. Die unvermeidbare Konsequenz sind Kompromißbildungen zwischen Patienten und Therapeuten, die den Kranken ein höheres Maß an Freiheit, aber auch ein größeres Risiko bescheren, den Therapeuten ein höheres Maß an Verantwortung – und an Angst – aufbürden, denn wenn ein Suizid erfolgt, werden sie zur Rechenschaft gezogen; zumindest müssen sie damit rechnen.

Auf der einen Seite müssen wir den wachsenden Respekt der Rechtsprechung auch vor den Freiheitsrechten psychisch Kranker begrüßen. Auf der anderen Seite bleiben wir für das Schicksal unserer Patienten verantwortlich, wenn sie durch ihre Krankheit die Fähigkeit verloren haben, über sich selber zu bestimmen. Ich habe an anderer Stelle (1985, 1986) darauf bestanden, daß der Patient unter solchen Umständen ein Recht darauf hat, gegen seinen Willen behandelt zu werden. Die Psychose verändert seine Willens- und Wahrnehmungsfähigkeit, auch die seiner Selbst. Wir müssen in der Auseinandersetzung mit der Rechtsprechung und der Öffentlichkeit darauf insistieren, daß die Nichtbehandlung zumindest einer Psychose genügen kann, dem Betroffenen jenen »schwerwiegenden gesundheitlichen Schaden« zuzufügen, den die Unterbringungsgesetze der meisten Länder als eine mögliche Unterbringungsvoraussetzung vorsehen. Die Bedingungen, unter welchen dies der Fall ist, müssen zwischen dem Richter, dem Kranken und dem Arzt ausgehandelt werden. Den Kranken im Namen der Freiheit seiner Psychose zu überlassen, ohne diese Fragen zu prüfen, verletzt nicht nur dessen Würde – es wäre eine Barbarei.

4. Divergenzen zwischen Unterbringungs- und Strafrecht

Manchmal hat es den Anschein, als würde eine unterschiedliche Sichtweise von Unterbringungs- und Strafrichter uns Psychiater in ein unauflösbarliches Dilemma der Wahl zwischen Freiheitsberaubung und unterlassener Hilfeleistung zwängen. Dabei dürfen wir aber nicht übersehen, daß Richter nur in begrenztem Umfang Grundsatzurteile fällen. Sie würdigen den jeweiligen konkreten Einzelfall. Im Unterbringungsrecht ist es uns leichter möglich, dies unmittelbar mit dem Richter auszuhandeln. Das geht um so leichter, als wir hier nur mittelbar betroffen sind.

Im Strafprozeß sind wir Angeklagte, und wir können nicht umhin einzuräumen, daß wir uns in der Psychiatrie nicht im rechtsfreien Raum bewegen. Wenn einer unserer Patienten zu Tode kommt, ist es notwendig, daß die Umstände seines Todes geklärt werden. Das gilt auch für den Suizid. Tatsächlich kommt es ja vor, daß bei der Behandlung von suizidgefährdeten Kranken schwerwiegende, unentschuldbare Fehler gemacht werden. Das wird offensichtlich, wenn feststehende Regeln verletzt werden – z. B. wenn ein Patient sich durch das offenstehende Fenster einer geschlossenen Station zu Tode stürzt. In der Tat erfolgen Verurteilungen im Zusammenhang mit Patientensuiziden auch wegen solcher Regelverletzungen. Viel schwieriger ist es, wenn es um Beurteilungsfehler geht: Mußte ein Patient unter den gegebenen Bedingungen für unmittelbar suizidgefährdet gehalten werden oder nicht? Waren die Maßnahmen, die getroffen wurden, ausreichend oder nicht? Durfte der Therapeut nach den geltenden Regeln der Psychiatrie annehmen, ein Kranker sei fähig gewesen, eine Absprache einzuhalten oder nicht?

Die Beantwortung solcher Fragen wird uns kein Gericht abnehmen. Die Richter und die Ermittlungsbehörden werden versuchen, die geltende Lehrmeinung der Psychiatrie zu

erkunden. Dazu bedienen sie sich eines psychiatrischen Sachverständigen.

Da die Meinungen zu dieser Problematik innerhalb der
Psychiatrie immer noch weit auseinandergehen, wird ein Ermittlungsverfahren im Zusammenhang mit einem Patientensuizid für den Angeschuldigten immer zu einem Risiko. Er
tut gut daran, sich von Anfang an eines Anwalts zu versichern
und rechtzeitig einen Sachverständigen seines Vertrauens be-
nennen zu lassen.

Allerdings habe ich nur geringe Zweifel, daß keine Anklage erhoben werden wird, wenn wir belegen können, daß
wir gewissenhaft und sorgfältig gearbeitet haben. Dazu
gehört der Nachweis, daß wir den Patienten untersucht und
ausreichend gründlich exploriert haben; daß wir die Frage
nach der Suizidgefährdung intensiv und wiederholt geprüft
haben. Dazu gehört auch, daß wir bei erkannter Suizidgefährdung die Frage der Bündnisfähigkeit des Patienten gegen
die Notwendigkeit restriktiver Maßnahmen abgewogen haben. Wenn wir die Meinung aller Mitarbeiter auf einer Krankenhausstation berücksichtigen, wenn wir ggf. im Zweifel die
Beurteilung eines weiteren Arztes hinzuziehen haben, wir
nicht nur ausreichend Sorgfalt walten lassen. Wir sind im Fall
eines Irrtums auch ausreichend gegen eine Strafverfolgung
abgesichert.

Das gilt allerdings mit der Einschränkung, daß wir unsere
Überlegungen und unsere Maßnahmen auch ausreichend
sorgfältig dokumentiert haben.

Bei nüchterner Betrachtung ist die Furcht vor dem nächsten Patientensuizid eine Real-Angst, die Furcht vor Strafverfolgung im Zusammenhang damit eher eine Angst-Phantasie,
die nicht die rechtliche Bedrohung spiegelt, sondern unsere
relative Hilflosigkeit im Umgang damit.

12 Checkliste zur Suizidprophylaxe während der Behandlung

Im folgenden soll der Versuch unternommen werden, eine Checkliste zur Suizidprophylaxe während der psychiatrischen Behandlung zu erstellen. Sie soll als Erinnerungsstütze für die vielen Aspekte dienen, die während der Behandlung suizidgefährdeter psychisch Kranker zu bedenken und zu beachten sind. Die Gliederung der Liste entspricht dem Ablauf unseres Alltagshandelns: Wir müssen Suizidgefährdung erkennen, uns gegenseitig darüber informieren und sie behandeln.

1. Suizidgefährdung erkennen

Allgemein: daran denken; darauf achten.

Speziell:

1. Den Kranken befragen

nach Suizidgedanken; nach Suizidphantasien; nach früherem suizidalen Verhalten; nach Suiziden in der Familie;
nach seiner Lebensperspektive; nach seinen Hoffnungen, seinen Enttäuschungen, seinen Ängsten, seiner Einsamkeit;
nach seiner eigenen Einschätzung zur aktuellen Lebenssituation.

Nach Suizidgedanken fragen, darüber sprechen und dem Gefährdeten zuhören provoziert keine Suizidalität, wenn man entsprechend schonend vorgeht. Es stärkt die Vertrauensbeziehung und mindert die Gefahr.

2. Risikofaktoren identifizieren

Risikofaktoren sind:
frühere Suizidversuche;
suizidales Verhalten im Zusammenhang mit der jetzigen Erkrankung;

die Diagnosen
phasische (endogene) Depression
schizophrene Psychose
und ggf. auch psychoorganische Syndrome unmittelbar nach vorangegangenen Suizidversuchen oder im Zusammenhang mit einer beginnenden Demenz;
gehäufte Wiederaufnahmen innerhalb kurzer Zeit; vor allem bei Wiederaufnahme nach weniger als drei Monaten;
»Hoffnungslosigkeit« als Gefühl des Patienten und / oder als Reaktion der Therapeuten auf dessen aktuelle Situation.

Diese Risikofaktoren besagen nichts über die aktuelle Gefährdung. Sie beschreiben eine Gruppe von Kranken, bei denen im Behandlungsverlauf verstärkt mit Suizidalität gerechnet werden muß. Sie weisen auf ein ständig vorhandenes *Basisrisiko* hin.

3. Selbstkontrolle:

Im Behandlungsverlauf immer wieder (täglich) überdenken, ob ein Patient gefährdet ist (s. u. II / 1).

2. Über Suizidgefährdung informieren

Alle an der Behandlung Beteiligten müssen über die aktuelle Suizidgefährdung der ihnen anvertrauten Kranken informiert sein. Die Einschätzung der Suizidalität und die daraus abgeleiteten Schlußfolgerungen müssen dokumentiert werden.

Speziell:

1. Auf der Station:

bei Teamzusammenkünften und bei Visiten darüber sprechen;
aktuelle Gefährdung im Dienstzimmer, für alle zugänglich, auf der Übersichtstafel markieren (z. B. durch roten Punkt); tägliche Einschätzung auf einer Liste oder in der Verlaufskurve dokumentieren; einfache Symbole wie Plus (+) für Gefährdung, Fragezeichen (?) für latente oder fragliche Gefährdung und Minus (−) für keine erkennbare Gefährdung genügen. Die Listenübersicht verschafft im Verlauf einen Überblick über das jeweilige »suizidale Klima« auf der Station.
Das Basisrisiko soll an sichtbarer Stelle in der Pflegedokumentation jedes Kranken registriert sein.

2. Innerhalb der Klinik:

Die Information der Mitarbeiter von Arbeits- und Beschäftigungstherapie und anderer Teileinrichtungen, die mit den
Kranken arbeiten, muß sichergestellt sein.

Bei Verlegungen muß die Information von Arzt *und* Pflegepersonal vor oder mit dem Eintreffen des Kranken erfolgen.
Häufigste Pannen: unterlassene oder zu späte Unterrichtung
der Mitarbeiter des pflegerischen Dienstes.

Angehörige müssen über Suizidrisiken informiert sein.
Insbesondere im Zusammenhang mit Besuchs- und Urlaubs-
regelungen. Sie müssen wissen, daß sie die Mitteilung von
Suizidgedanken und Suizidankündigungen unbedingt an die
Behandelnden weitergeben müssen.

3. Bei Entlassung:

müssen die Nachbehandelnden rasch und umfassend, möglichst persönlich telefonisch informiert werden. Das gilt auch
und vor allem bei vorzeitigem Behandlungsabbruch durch
den Patienten. An Angehörige denken!

3. Behandlung

Allgemein:
freundliche Zuwendung, Bereitschaft zuzuhören; über
Suizidgedanken zu sprechen; Ermutigung und Stützung im
Gespräch;
Betreuungskonstanz durch alle Therapeutengruppen. Ein
Bezugstherapeutensystem ist hilfreich, wenn es durchgehal-
ten werden kann.

Unvermeidlichen Personalwechsel, auch Urlaub, vorbe-
reiten, besprechen. (Hohe Personalfluktuation ist ein Risikofaktor!)
Behandlung der Grundkrankheit.

Speziell:

1. Auf der Station:

Transparenz: Stationen sollen ein durchschaubares strukturiertes Milieu vermitteln. Patienten müssen leicht erkennen können, was von ihnen erwartet wird und wer sich um sie kümmert und wer wann für sie ansprechbar ist. Diffusität und Uneindeutigkeit in der Kommunikation sind zu vermeiden. Willkür und Unzuverlässigkeit von seiten der Therapeuten sind Risikofaktoren.

Geborgenheit: Besonders offene Stationen vermitteln gelegentlich Unverbindlichkeit und lassen Geborgenheit vermissen. Die Kranken sind in Gefahr zu vereinsamen. Das Stationsmilieu muß so geplant werden, daß es dem entgegenwirkt. Wichtig sind gemeinsame Mahlzeiten, gemeinsame Gruppenaktivitäten und andere Veranstaltungen. An- und Abmeldung bei Ausgang erhöhen die Verbindlichkeit.

Überwachung ist notwendig, wenn Kranke bei erkannter oder geäußerter Suizidalität aufgrund der Schwere ihrer Krankheit nicht absprache- oder bündnisfähig erscheinen (z. B. bei endogener Depression, bei psychosebedingter Ambivalenz). Die Überwachung soll möglichst durch individuelle unaufdringliche Zuwendung erfolgen. Das kann in speziell dafür vorgesehenen Räumen, aber auch im Tagesraum geschehen.

2. Spezielle Patientengruppen:

Depressive sind in der akuten Krise besonders gefährdet beim Eintauchen in die Depression und beim Beginn der Besserung (Rückkehr des Antriebs bei fortbestehender Verstimmung). Achtung bei Wahnsymptomen mit Schuld- und Nichtigkeitsthemen! Wenn Phasisch-Depressive von Suizid sprechen, meinen sie es; sie agieren nicht! Diagnose sichern! Entsprechend handeln – ermutigen, stützen, ggf. sedieren und überwachen.

Schizophrene sind während des ganzen Verlaufs gefährdet, je länger die Erkrankung und die Behandlung dauern, um so mehr. Quälende und depressive Symptome, Vereinsamung oder Angst davor, Rückschläge in Familie und Beruf können eine chronische Gefährdung aktualisieren. Gerade in der Phase der Wiederherstellung besteht eine besondere Verwundbarkeit durch Frustrations- und Enttäuschungserlebnisse und Zurückweisung. Darauf achten, ermutigen, stützen, ggf. medikamentös intervenieren.

Kranke mit psychoorganischen Syndromen können besonders gefährdet sein, wenn gleichzeitig depressive Verstimmungszustände bestehen. Besondere Aufmerksamkeit ist unmittelbar nach vorangegangenen Suizidversuchen am Platz, besonders wenn das Psychosyndrom etwa im Zusammenhang mit einer abgelaufenen suizidalen Intoxikation steht. Manchmal wird dadurch eine depressive Grunderkrankung maskiert. In solchen Akutsituationen Überwachung!

Kranke mit einer beginnenden Demenz sind leicht verstimmbar, ratlos und manchmal verzweifelt über ihre Situation. Darauf achten!

Langzeitpatienten reagieren auf Veränderungen ihrer unmittelbaren Umgebung mit Verunsicherung, manchmal mit Verstörung: Vorsicht bei Verlegungen (z. b. auch ins Allgemeine Krankenhaus, bei Stationsreorganisation oder bei Veränderung des Konzepts).

3. Behandlungsmethoden:

Medikamente können Suizidalität verdecken, sie »maskieren«. Achtung bei Veränderungen, bei Gewährung von Ausgang und Urlaub, insbesondere unter hoher Medikamentendosis, bei Belastung durch Arbeitstherapie. Eine medikamentöse Sedierung ist bei akuter Suizidgefährdung unabdingbar, wenn menschliche und psychotherapeutische Zuwendung versagen.

Soziotherapie:
Alle Formen von Aktivierung und sozialer Auseinandersetzung sind belastend und enthalten Frustrationsquellen. Bei
Rehabilitation Belastung auf den Einzelnen abstimmen. Therapieziele mit dem Kranken abstimmen.

Vorsicht bei Eingriffen in die Familienstruktur, z. B. bei
Herauslösung junger Schizophrener aus der Elternfamilie, oder anderen Trennungsempfehlungen.

Psychotherapie:
Über Suizidgedanken und -phantasien sprechen. Vorrang
von Ermutigung und Stützung. Keine konfliktorientierte
Psychotherapie in der akuten Phase von schizophrenen und
depressiven Psychosen. Auch Problemlösungsversuche mit
Angehörigen, Partnern und Arbeitgebern können warten, bis
entsprechende Belastbarkeit eintritt. Bei der Psychotherapie
Depressiver besonders sorgfältig auf Psychopathologie achten: auch psychotisch Depressive »agieren«!

4. Gegenübertragungsreaktionen:

Ungeduld, Ärger, Nichtbeachtung, Ablehnung bis zum
»Gegenübertragungshaß« als Therapeutenreaktion sind
bei der Arbeit mit Suizidgefährdeten häufig.

Solche Gefühle zulassen! Haltung zum Patienten überprüfen;
ggf. Therapeutenwechsel. Gefährlich wird die Situation,
wenn Gefühle von Abweisung das ganze Stationsteam erfas-
sen, schlimmstenfalls auch die Mitpatienten – und nicht bewußt wahrgenommen werden.

Das Abfragen und die Kontrolle solcher Entwicklungen
ist auch eine Oberarztaufgabe. Supervision im Balint-Stil ist
hilfreich.

5. Vorkehrungen während des Verlaufes

Allgemein:
Absprachen mit dem Patienten über die Einhaltung von Krankenhausregeln treffen und darüber, daß er sich meldet, wenn sich bei ihm etwas ändert, wenn ihm etwas zustößt, womit er nicht fertig wird. Aber nicht die Verantwortung für seine Suizidalität auf ihn abwälzen (Problematik von »Suizid-Pakten«!).

Speziell:
Lebensverändernde und enttäuschende Ereignisse beachten: Partnerkonflikte, Arbeitsplatzverluste, Anwaltstermine, Familienfeste (!), Entlassungsplanung, Verweigerung der Entlassung, andere Zurückweisungen und Versagenserlebnisse in der Therapie.

Immer wieder die Lebensperspektive ansprechen, die der Kranke innerhalb des Behandlungsverlaufes erlebt. Seine subjektive Sichtweise ist wichtig. Diese kann sich mit Verlaufsschwankungen und sozialen Rückschlägen verändern, ohne daß das von außen wahrnehmbar sein muß.

Geduld aufbringen, wenn es zu einem Krankheitsrezidiv gekommen ist. Damit können alle Planungen umgestoßen werden. Die Zeitperspektive, die die Therapeuten im Kopf haben, wird damit unrealistisch. Man muß ggf. von vorn beginnen. In solchen Situationen werden die Patienten besonders leicht überfordert.

Ausgang, Urlaub, Wege im Krankenhaus zu Beschäftigungs-, Arbeitstherapie, Labor usw. sind Belastungen und Versuchungen. Vorsicht bei der Erstgewährung von Ausgang und Urlaub, bei hohen Medikamentendosen (Maskierung) oder nach Änderung der Medikation.

Bei Gewährung von Ausgang und Urlaub Absprachen treffen über örtliche und zeitliche Begrenzung und über Begegnungen mit Partnern, Angehörigen und Freunden.

Einbeziehung der Angehörigen: Empfehlung, belastende und konfliktreiche Aktivitäten während der Beurlaubung zu unterlassen. Gespräche über Spannungen zwischen Patient und Angehörigen. Bei chronisch gespannter Familienatmosphäre Verweis auf Angehörigenselbsthilfegruppen und/ oder, bei ausreichender Stabilität des Patienten, Familiengespräche.

6. Entlassung

Die Entlassung ist ein Risikofaktor ersten Ranges. Sie muß vorbereitet werden. Der Empfangsraum außerhalb des Krankenhauses muß abgeklärt, die Nachsorge sichergestellt werden. Der Patient muß bei der Entlassung wissen, wann er zu welchem Therapeuten gehen kann. Wenn möglich, sollte er ihn vor der Entlassung kennenlernen.

Schlußbemerkung

Die Beachtung dieser Checkliste ist keine Garantie gegen den Patientensuizid. Aber sie hilft den Behandelnden, das mögliche zu seiner Vermeidung zu tun. Sie trägt dazu bei, ihn bei der schwierigen Arbeit mit suizidgefährdeten psychisch Kranken zu unterstützen.

Wenn sie hilft, auch nur einen Suizid zu verhindern, ist schon viel gewonnen.

Literaturverzeichnis

Achté, K. A., Stenbäck, A. u. Teräväinen, H.: On suicides committed during treatment in psychiatric hospitals. Acta psych. 42, 272–284 (1966).

Ärztliche Praxis 89/87 zitiert nach Niedersächsischem Ärzteblatt 12 (1989/30)

Alarcon, R., Carney, M. W. P.: Severe depressive mood changes following slow-release intramuscular fluphenazine injektion. Brit. med. J. 3, 564 (1963).

Améry, J.: Hand an sich legen. Diskurs über den Freitod. Klett-Cotta, Stuttgart 1976.

Angst, J.: Verlauf unipolar depressiver, bipolar manisch-depressiver und schizo-affektiver Erkrankungen und Psychosen. Ergebnisse einer prospektiven Studie. Fortschr. Neurol. Psychiat. 48, 3–30 (1980).

Angst, J.: Persönliche Mitteilung (1987).

Ankermann, E.: Der Mitverschuldenseinwand des Krankenhausträgers bei Selbstmordversuch eines Patienten. Interdisziplinäre Fachtagung der Evangelischen Akademie Bad Boll »Suizidalität als Herausforderung an Medizin, Recht und Seelsorge« 21.–23.3.1988 Hohenwart.

Beck, A. T., Resnik, H. H. P., Lettieri, D. J.: The prediction of suicide. Bowie, Charles Press 1974.

Beck, A. T., Rush, A. J., Shaw, G. E.: Kognitive Therapie der Depression, Dt. Übers. hrsg. von M. Hautzinger. U. & S. München 1981.

Beck, A. T., Steer, R. A. et al.: Hopelessness and Eventual Suicide: A 10-year Prospective Study of Patients Hospitalized with Suicidal Ideation. Am. J. Psychiatry 142, 559–563 (1985).

Bertram, W.: Gespräche mit Suizidgefährdeten. Deutsche Kran-
kenpflegezeitschrift 4, 190–193 (1979).

Benensohn, H. S., Harvey, L. P., Resnik, P.: Guidelines for
»Suicide-Proofing« a Psychiatric Unit. Amer. J. Psychother.,
204–212 (1973).

Bjärnason, O.: Association between changes in psychiatric ser-
vices and increases in suicide rates. Arch. Psychiatr. Nervenkr.
232, 25–23 (1982).

Bleuler, E.: Dementia Praecox oder die Gruppe der Schizophre-
nien. Deuticke, Leipzig, Wien 1911.

Bloom, V.: An Analysis of Suicide in a Training Centr. Amer. J.
Psychiatry 123, 8 (1967).

Bochnik, H. J., Böcker, F., Böhme, K., Dörner, K., Köster,
H., Maier, S., Ritzel, G., Wanke, K.: Thesen zum Problem
von Suiziden während klinisch-psychiatrischer Therapie. NstZ
Heft 3 (1984).

Böhme, K.: Zur praktischen Versorgung von Suizidenten. Nervenarzt 51, 152–158 (1980).

Böhme, K.: Wie geht es weiter? Eine katamnestische Untersuchung
zu Überlebenszeiten und Todesursachen nach Selbstmordversu-
chen. Suizidprophylaxe 1, 3–23 (1983).

Bolin, R. K., Weight, R. E., Wilkinson, M. N., Lindner,
C. K.: Survey of suicide among patients on home leave from a
mental hospital. Psychiat. Q. 42, 81–89 (1968).

Bron, B.: Therapeutische Probleme bei chronisch suizidalen Patienten. Zschr. psychosom. Med. 31, 32–47 (1985).

Bürk, F.: Prädiktoren für weiteres suizidales Verhalten bei nach
einem Suizidversuch hospitalisierten Patienten in Fiedler,
P. A., Franke, A., Howe, J. et al. (Hrsg.): Herausforderung
und Grenzen der klinischen Psychologie. S. 183–187. DGTV,
Tübingen 1982.

Busteed, E., Johnstone, Ch.: The Development of Suicide Pre-
cautions for an Inpatient Psychiatric Unit. JPNMHS 21, 5 (1983).

Cassidy, S., Henry, J.: Fatal toxicity of antidepressant drugs in
overdose. Brit. med. J., 1021–1024 (1985).

Cherpillod, C., Jordan, B.: Les suicides en cours de traitement
ambulatoire. Rev. Med. Suisse rom. 31/4, 257–268 (1971).

Ciompi, L.: Late Suicide in Former Mental Patients. Psychiatria
clin., 59–63 (1976) .

CLEMENT, U., BETRAM, W., WALCAK, L.: Selbstbedeutung statt Diagnose – die Bedeutung der Gegenübertragung in der Suizid-prophylaxe. Suicidprophylaxe 10, I, 48–55 (1983).

COHEN, S., LEONARD, C. V., FARBEROW, N. L., SHNEIDMANN, E. S.: Tranquilizers and Suicide in the Schizophrenic Patient. Arch. gen. Psychiat. 11, 312–321 (1964).

COSER, R. L.: Suicide and the relational system: a case study in a mental hospital. J. Hlth. soc. Behav. 17, 318–327 (1977).

COTTON, P. G., DRAKE, R. E., GATES, Ch.: Critical Treatment Issues in Suicide Among Schizophrenics. Hosp. Community Psychiat. 36, 5 (1985).

CRAWFORD, J. P., WILLIS, J. H.: Double Suicide in Psychiatric Hospital. Patients. Brit. J. Psychiat. 112, 1231–1235 (1966).

CULLBERG, J.: Krisen und Krisentherapie. Psychiat. Prax. 5, 25–34 (1978).

DAVIDSON, H. A.: Suicide in the Hospital. The possibility of pa-tient suicides in a heavy risk but circumstances can mitigate the hospitals responsability. Hospitals, J.A.H.A. 43, 55–59 (1963).

DEAN, R. A., MISKIMINIS, W. M., DE COOK, R., WILSON, L. T., MALEY, R. F.: Prediction of suicide in a psychiatric hospital. J. clin. Psychol. 23, 296–301 (1967).

DGNP: Stellungnahme zum »Suicid-Urteil« des OLG Frankfurt. Nervenarzt 51, 573 (1981).

DIEKMANN, U.: Einschätzung der Suizidalität in einem psychiatri-schen Krankenhaus. Dissertation Medizinische Hochschule Hannover (1989)

DÖRNER, K., PLOG, U.: Irren ist menschlich oder Lehrbuch der Psychiatrie, Psychotherapie/Klaus DÖRNER u. Ursula PLOG. – Völlig neubearb. Ausg., 4. Aufl. Psychiatrie-Verlag, Bonn 1987.

DÖRNER, K., PLOG, U.: Lehrbuch der Psychiatrie/Psychothera-pie. 1. Aufl., Psychiatrie-Verlag, Wunstorf 1978.

DRAKE, R. E., GATES, Ch., COTTON, P. G. u. WHITAKER, A.: Sui-cide among Schizophrenics. J. nerv. ment. Dis. 172, 613–617 (1984).

DRAKE, R. E., GATES, C., WHITAKER, A. u. COTTON, P. G.: Sui-cide among Schizophrenics: A Review. Comprehens. Psychiat. 26, 1, 90–100 (1985).

DURKHEIM, E.: Der Selbstmord. Soziologische Texte 32. Dtsch. Übersetzung. Luchterhand, Neuwied/Darmstadt 1973.

Erikson, E.: Identität und Lebenszyklus, Suhrkamp, Frankfurt 1966.

Ernst, K.: Die Zunahme der Suizide in den psychiatrischen Kliniken. Tatsachen, Ursachen, Prävention. Soz. u. Präventivmed. 24, 34–37 (1973).

Ernst, K. u. Kern, R.: Suizidstatistik und freiheitliche Klinikbehandlung 1900–1972. Arch. Psychiat. Nervenkr. 2919, 155–263 (1974).

Ernst, K., Moser, U. u. Ernst, C.: Zunehmende Suizide psychiatrischer Klinikpatienten: Realität oder Artefakt? Arch. Psychiat. Nervenkr. 228, 351–363 (1981).

Farberow, N. L., Shneidman, E. S. u. Leonard, C. V.: Suicide among Schizophrenic Mental Hospital Patients. In: Farberow, N. L. u. Shneidman, E. S. (Hrsg.): The Cry for Help, 78–109. MacGraw-Hill Book Company, New York, 1965.

Farberow, N. L., Shneidman, E. S., Neuringer, Ch.: Case history and hospitalization factors in suicides of neuropsychiatric hospital patients. J. nerv. ment. Dis. 142, 1, 32–44 (1966).

Federn, P.: Selbstmordprophylaxe in der Analyse. Zeitschr. f. psychoanalytische Pädagogik III, 379–389 (1929).

Fenichel, O.: Psychoanalytische Neurosenlehre Bd. II. Englisch: Morton, New York, 1945. Dtsch. Ausgabe: Walter Verlag AG, Olton 1975.

Feuerlein, W.: Sucht und Suizidhandlungen. Münch. med. Wschr. 117, 197–200 (1975).

Feuerlein, W.: Sucht und Suizid. In: Reimer, C. (Hrsg.): Suizid. Ergebnisse und Therapie, S. 43–50. Springer, Berlin, Heidelberg, New York 1982.

Finzen, A.: Das besondere Vorkommnis im Alltag des psychiatrischen Großkrankenhauses. In: Gross, J., Dörner, K., Plog, U. (Hrsg.): Erfahrungen vom Menschen in der Psychiatrie. 13. Hamburger psychiatrisch-medizinische Gespräche im Gedenken an Hans Bürger-Prinz. Urban & Schwarzenberg, München, Wien, Baltimore 1980.

Finzen, A.: Psychiatrische Behandlung und Suizid. Methodenprobleme bei der Untersuchung des Suizids unter psychiatrischer Behandlung. Psychiat. Prax. 10, 103–108 (1983).

Finzen, A.: Ambulante psychiatrische Behandlung u. Suizid. Suizidprophylaxe (Sammelreferat) 11 (Heft 39) 1984.

207

FINZEN, A.: Der Suizid im psychiatrischen Krankenhaus. Ein Sammelreferat von 98 Studien aus den Jahren 1941–1986, Suizidprophylaxe, 4. Sonderheft 1986.

FINZEN, A.: Gewalt in der Psychiatrie – zur Legitimität der Zwangseinweisungen. Spektrum der Psychiatrie und Nervenheilkunde 4 (1986).

FINZEN, A.: Medikamentenbehandlung bei psychischen Störungen. Leitlinien für den psychiatrischen Alltag. 6. Auflage. Psychiatrie Verlag, Bonn (1987).

FINZEN, A.: Zwischen Hilfe und Gewalt. Ein unausweichliches Dilemma der Psychiatrie. Fundamenta Psychiatrica 1988; 2, 8–12.

FINZEN, A.: Der Patientensuizid. Untersuchungen, Analysen, Berichte zur Selbsttötung psychisch Kranker während der Behandlung. Psychiatrie Verlag, Bonn 1988.

FLINN, D. E., SLAWSON, P. F., SCHWARTZ, D.: Staff Response to Suicide of Hospitalized Psychiatric Patients. Hosp. Community Psychiat. 29, 122–127 (1978).

FÜRST, A.: Risikofaktoren des Patientensuicids in der psychiatrischen Klinik. Dissertation Medizinische Hochschule Hannover (1988)

GESTRICH, J. u. STIEF, J.: Studienerfolg und Krankheitsverlauf schizophrener Studenten. Ergebnisse einer schriftlichen Katamnese. Arch. Psychiat. Nervenkr. 230, 159–169 (1981).

GRANDEL, S.: Selbstmord und psychiatrische Behandlung. I. Suizide in psychiatrischen Krankenhäusern. Werkstattschriften zur Sozialpsychiatrie. Psychiatrie-Verlag, Rehburg-Loccum 1978.

GORES, R.: Suizid als Problemlösung. Eine Fokaltherapie suizidalen Handelns. Mannhold, Düsseldorf 1981.

HÄFNER, H., HELMCHEN, H.: Psychiatrischer Notfall und psychiatrische Krise – Konzeptuelle Fragen. Nervenarzt 49, 82–87 (1978).

HÄFNER, H., SCHMIDTKE, A.: Suizid und Suizidversuche – Epidemiologie und Ätiologie, Nervenheilkunde 6, 49–63 (1987).

HAENEL, Th. u. PÖLDINGER, W.: Erkennung und Beurteilung der Suizidalität. in: Psychiatrie der Gegenwart; Krisenintervention – Suizid – Konsiliarpsychiatrie, 106–132. Springer Verlag, Berlin, Heidelberg, New York, Tokio 1986.

HEIGL-EVERS, A. u. HEIGL, F.: Tiefenpsychologisch fundierte

208

Psychotherapie – Eigenart und Interventionsstil –. Zschr. psychosom. Med. 28, 160–175 (1982).

Heim, E.: Konsequenzen für die Praxis aus der Psychotherapieforschung der letzten Jahre. Schweizer Archiv für Neurologie, Neurochirurgie u. Psychiatrie 128, 211–226 (1981).

Heinrich, K.: Zur Bedeutung des postremissiven Erschöpfungssyndroms für die Rehabilitation Schizophrener. Nervenarzt 38, 487 (1967).

Helmchen, H., Hippius, H.: Depressive Syndrome im Verlauf neuroleptischer Therapie. Nervenarzt 38, 445 (1967).

Henseler, H.: Narzistische Krisen. Zur Psychodynamik des Selbstmordes. Rowohlt, Hamburg 1974.

Henseler, H.: Die Suizidbehandlung unter dem Aspekt der psychoanalytischen Narzißmustheorie. Psyche 3, 191–207 (1975).

Henseler, H.: Die Bedeutung von narzißtischen Kränkungen für die Entstehung von Suizidalität. Caritas 79, 117–120 (1978).

Henseler, H.: Die Psychodynamik des suizidalen Erlebens und Verhaltens. Nervenarzt 51, 139–146 (1980).

Henseler, H., Reimer, C.: Selbstmordgefährdung. Zur Psychodynamik und Psychotherapie. Problemata 93. Frommann-Holzboog, Stuttgart, Bad Cannstatt 1981.

Henseler, H.: Probleme bei der Behandlung chronisch suizidaler Patienten. In: Henseler, H., Reimer, C. (Hrsg.): Selbstmordgefährdung: Zur Psychodynamik u. Psychotherapie 157–170. Frommann-Holzboog, Stuttgart, Bad Cannstatt 1981.

Henseler, H.: Krisenintervention – Vom bewußten zum unbewußten Konflikt des Suizidanten. In: H. Henseler, Reimer, C. (Hrsg.): Selbstmordgefährdung. Zur Psychodynamik und Psychotherapie. S. 136–156. Problemata 93. Frommann-Holzboog, Stuttgart, Bad Cannstatt 1981.

Hirsch, S. R. u. Knights, A.: Gibt es die pharmakogene Depression wirklich? Beweismaterial aus zwei prospektiven Untersuchungen. In: Ergebnisse der psychiatrischen Therapieforschung, III 249–260. Schattauer, Stuttgart, New York 1982.

Huntemann, R.: Suizidgefährdung in einem psychiatrischen Krankenhaus. Med. Diss. Hannover 1987.

James, I. P. u. Levin, S.: Suicide following discharge from psychiatric hospital. Arch. gen. Psychiat. 10, 149–170 (1966).

Jantz, H.: Schizophrenie und Selbstmord. Nervenarzt 22, 4, 126–133 (1951).

Jaspers, K.: Philosophie Bd II. Julius Springer, Berlin 1932.

Kahne, M. J.: Suicide research: a critical review of strategies and potentialities in mental hospitals. Amer. J. Psychother. XX, 177–186 (1966).

Kahne, M. J.: Suicides in Mental Hospitals: A Study of the Effects of Personel and Patient Turnover. J. Hlth. soc. Behav. 9, 255–266 (1968).

Kahne, M. J.: Suicide Among Patients in Mental Hospitals. A Study of the Psychiatrists Who Conducted Their Psychotherapy. Psychiatry 31, 32–42 (1968).

Kayton, L., Freed, H.: Effects of a suicide in a psychiatric hospital. Arch. gen. Psychiat. 17, 187–194 (1967).

Keith-Spiegel, P., Spiegel, D. E.: Affective states of patients immediately preceding suicide. J. psychiat. Res. 5, 89–93 (1967).

Kitzig, K.: Forschungsprobleme Kliniksuizid. Spektrum der Psychiatrie und Nervenheilkunde 1, 54–56 (1986).

Kobler, A. L. u. Stotland, E.: The End of Hope. A Social-Clinical Study of Suicide. New York: The Free Press of Glencoe 1964; Canada, Ltd. Collier-MacMillan Toronto, Ontario.

Kovacs, M., Beck, A. T., Weissman, A.: The Use of Suicidal Motives in the Psychotherapy of Attempted Suicides. Am. J. Psychother. 29, 363–368 (1975).

Kroll, J. W.: Self-destructive behaviour on an inpatient ward. J. nerv. ment. Dis. 166, 429–434 (1978).

Kurz, A., Möller, H. J.: Hilfesuchverhalten und Compliance von Suizidgefährdeten. Psychiatr. Praxis 11, 6–13 (1984).

Lange, E.: Die Suizidgefahr beim Open-Door-System (ODS) in stationären psychiatrischen Einrichtungen. Soc. Psychiat. 1, 64–72 (1966).

Lauter, R.: Ergänzende Diskussionsbemerkung zu der Mitteilung von F. Reimer: »Die Öffnung der Türen im psychiatrischen Krankenhaus und die Suizidgefahr«. Nervenarzt 49, 680–681 (1978).

Light, D. W. Psychiatry and Suicide: The Mangement of a Mistake. Amer. J. Sociol. 77, 821–838 (1971 / 72).

210

Lipschutz, L. S.: Some administrative aspects of suicide in the mental hospital. Amer. J. Psychiat. 99, 181–187 (1942).

Loch, W.: Mord – Selbstmord oder die Bildung des Selbstbewußt-seins. Ein Beitrag zum Suizid-Problem. Wege zum Menschen 19, 262–268 (1967), sowie in Loch, W.: Zur Theorie, Technik und Therapie der Psychoanalyse. S. 355–363. 2. Aufl. 1976 Conditio humana. S. Fischer, Frankfurt am Main 1972.

Loch, W.: Beratung – Behandlung: Methoden und Abgrenzungen. In: G. Struck: Familienkonflikte und Familienberatung, S. 29–42, Butzon, Kevelaer 1970.

Maltsberger, J., Buie, D. H.: Countertransference Hate in the Treatment of Suicidal Patients. Arch. Gen. Psychiatry 3, 625–63 (1974).

Menninger, K. A.: Selbstzerstörung, Psychoanalyse des Selbst-mordes 1938, dtsch. Übersetzung 1974. Suhrkamp, Frankfurt am Main 1974.

Minkoff, K., Bergmann, E., Beck, A. T., Beck, R.: Hopeless-ness, Depression and Attempted Suicide. Am. J. Psychiat. 130, 4, 455–459 (1973).

Mitterauer, B.: Können Selbstmorde in einem psychiatrischen Krankenhaus verhindert werden? Psychiat. Prax. 8, 25–30 (1981).

Mitterauer, B.: Das Abwendungsverhalten: Eine Analyse der Kommunikationspathologie des Selbstmörders. Suizidpro-phylaxe – Theorie und Praxis, Mitteilungen der Deutschen Ge-sellschaft für Selbstmordverhütung (DGS), Jg. 13, Heft 2 (1986).

Modestin, J.: Suizid in der psychiatrischen Institution. Nerven-arzt 53, 254–261 (1982).

Modestin, J.: Antidepressive therapy in depressed clinical sui-cides. Acta. psychiat. scand. 71, 111–116 (1985).

Modestin, J.: Suizid in der psychiatrischen Klinik. Enke-Verlag, Stuttgart 1987

Möller, H.-J., Torhorst, A., Wächtler, C.: Versorgung von Patienten nach Selbstmordversuch – Aufgaben, Probleme und Verbesserungsmöglichkeiten. Psychiat. Praxis 9, 1, 6–122 (1982).

Montgomery, S. A., Motgomery, D.: Pharmalogical Preven-tion of Suicidal Behaviour. J. of Affect. Dis. 4, 291–298 (1982).

Motto, J. A., Heilbron, D. C., Juster, R. P.: Development of a clinic instrument to estimate suicide risk. Am. J. Psychiatry 142, 680–686 (1985).

MÜLLER, Chr.: Psychische Erkrankungen und ihr Verlauf sowie ihre Beeinflussung durch das Alter. Hans Huber, Bern, Stuttgart, Wien 1981.

MÜLLER, D.: Zum Suizid psychiatrischer Kranker nach Entlassung aus stationärer Behandlung. Werkstattschriften 20, Psychiatrie-Verlag, Rehburg-Loccum 1978.

MÜLLER, P. (Hrsg.): Zur Rezidivprophylaxe schizophrener Psychosen. Enke, Stuttgart 1982.

MUNDT, Ch.: Suizide schizophrener Patienten. Überlegungen zur Genese und Prävention anhand einiger Fallbeispiele. Psychother. med. Psychol. 34, 193–197 (1984).

NEILL, K., BENENSOHN, H. S., FARBER, A. N., RESNIK, H. L. P.: The Psychological Autopsy: A Technique for Investigating a Hospital Suicide. Hosp. Community Psychiat. 25, 33–36 (1974).

Niedersächsisches Ärzteblatt: Tod durch Antidepressiva: 12, 30 (1989).

OESTERREICH, C.: Suicid von Patienten während psychiatrischer Behandlung – demographische und klinische Daten, Lebens- und Krankheitsberichte, Kasuistik, therapeutische und institutionelle Aspekte sowie Überlegungen zur Kommunikation und Inter-aktion –. Dissertation Medizinische Hochschule Hannover.

PAYKEL, E. S. et al: Brit. J. Psychiat. 124, 460–469 (1973).

PAYKEL, E. S.: Psychopharmacology of Suicide. J. of Affect. Dis. 4, 271–273 (1982).

PERR, H. M.: Suicide and the doctor – patient relationship. Amer. J. Psychoanal. 28, 2, 177–188 (1968).

PERRIS, C., BESKOW, J., JACOBSSON, L.: Some remarks on the inci-dence of successful suicide in psychiatric care. Soc. Psychiat. 25, 161–166 (1980).

PHILLIPS, D. P.: The influence of suggestion on suicide: Substantive and theoretical implications of the Werther effect. Amer. Social. Rev. 39, 340–354 (1974).

PHILLIPS, D. P.: Der Werther Effekt. Selbstmord und der Einfluß von Suggestion und Imitation. In: WELZ, R. u. POHLMEIER, H. (Hrsg.): Selbstmordhandlungen. Beltz, Weinheim, Basel 1981, 100–124.

212

Pieper, W.: Selbstmord in Tübingen. Werkstattschriften 19. Psychiatrie-Verlag, Rehburg-Loccum 1977.

Pinder, R. M.: The Benefits and Risks of Antidepressant Drugs. Human Psychopharmacology 3 (1988) 73–86 (1990).

Planansksy, K., Johnston, R.: The occurence and characteristics of suicidal preoccupation and acts in schizophrenia. Acta Psychiat. Scand. 47, 473 (1972).

Pohlmeier, H.: Noch eine Bemerkung zu der Mitteilung von R Rfimfr: »Die Öffnung der Türen im psychiatrischen Krankenhaus und die Suizidgefahr« und der Bemerkung von H. Lauter. Nervenarzt 50, 260 (1979).

Pokorny, A. D. u. Kaplan, H. B.: Suicide following hospitalization. J. nerv. ment. Dis. 162, 119–125 (1976).

Pöldinger, W.: Die Abschätzung der Suizidalität. Huber, Bern 1968.

Pöldinger, W., Sonneck, G.: Die Abschätzung der Suizidalität. Nervenarzt 51, 147–151 (1980).

Pöldinger, W.: Erkennung und Beurteilung der Suizidalität. In: C. Reimer (Hrsg.): Suizid. Ergebnisse und Therapie. S. 13–23. Springer, Berlin–Heidelberg–New York 1982.

Pöldinger, W.: Bedeutung der Psychopharmaka in der Suizidprophylaxe. In: Pöldinger, W., Reimer, C (Hrsg.): Das ärztliche Gespräch. Psychiatrische Aspekte suizidalen Verhaltens. Symposion der Troponwerke 21.10.1983, Tropon, Köln.

Pöldinger, W.: Methoden zur Abschätzung der Suizidalität. International Association for Suicide Prevention (JASP) 1983.

Pöldinger, W.: 10 mögliche Fehler im Umgang mit suizidalen und depressiven Patienten. Schweiz. Ärztezeitung 64, Heft 12 (1983).

Pöldinger, W.: Beurteilung des Suizidrisikos. München med. Wochenschr. 127, 833–837 (1985).

Pohlmeier, H.: Einige Bedingungen für die Psychotherapie bei der Selbstmordverhütung. Med. Wschr. 28, 115–119 (1974).

Pohlmeier, H.: Die Angst zwischen Arzt und Patient bei Depression und Selbstmord. Suicidprophylaxe 8, 94–102 (1981).

Poser, W., Stötzer, A., Becker, R.: Suchtkrankheit u. Suizid. Lebensver. med. 39, 19–22 (1987).

Queren, R.: Untersuchungen von Kliniksuiziden in der Nervenklinik Spandau, Berlin. Suizidprophylaxe 10, 38–48 (1983).

Reimer, C.: Zur Problematik der Helfer-Suizidant-Beziehung: Empirische Befunde und ihre Deutung unter Übertragungs- und Gegenübertragungsaspekten. S. 1–27. In: H. Henseler, C. Reimer (Hrsg.): Selbstmordgefährdung. Zur Psychodynamik und Psychotherapie. Problemata 93, Frommann-Holzboog, Stuttgart, Bad Cannstatt 1981.

Reimer, F.: Die Öffnung der Türen im psychiatrischen Krankenhaus und die Suizidgefahr. Nervenarzt 49, 678–679 (1978).

Ringel, E.: Der Selbstmord. Abschluß einer krankhaften psychischen Entwicklung. Maudrich, Wien 1953.

Ringel, E.: Selbstmordverhütung. Huber, Bern 1969.

Ringel, E.: Möglichkeiten der ärztlichen Selbstmordprophylaxe. Therapiewoche 28, 2199–2215 (1972).

Ritzel, G.: Beitrag zum Suizid in psychiatrischen Kliniken. Fortschr. Neurol. Psychiat. 42, 38–50 (1974).

Ritzel, G. (Hrsg.): Der Kliniksuizid, Roderer Regensburg (1989).

Rorsman, B.: Suicide among Swedish Psychiatric Patients. Social Psychiat. 8, 140–144 (1973).

Rotov, M.: Death by Suicide in the Hospital. An Analysis of 20 therapeutic Failures. Amer. J. Psychother. 25, 2, 216–227 (1970) (S. 33–34).

Roy, A.: Suicide in chronic schizophrenia. Brit. H. Psychiat. 141.

Scharfetter, C., Angst, J., Nüsperli, M.: Suizid und endogene Psychose. Sozial- u. Präventivmedizin 24, 37–42 (1979).

Schlosser, J. u. Strehle-Jung, G.: Suizide während psychiatrischer Klinikbehandlung. Psychiat. Prax. 9, 20–26 (1982).

Schmidbauer, W.: Helfen als Beruf. Die Ware Nächstenliebe. Rowohlt, Reinbek bei Hamburg 1983.

Schmidbauer, W.: Liebeserklärung an die Psychoanalyse. Rowohlt, Reinbek bei Hamburg 1988.

Schmidtke, A. u. Häfner, H.: Die Vermittlung von Selbstmordmotivation und Selbstmordhandlung durch fiktive Modelle. Die Folgen der Fernsehserie »Tod eines Schülers«. Nervenarzt 57, 501–510 (1986).

Schneider, P.-B.: Le suicide chez les patients d'un service psychiatrique ambulatoire. Arch. Sci. Neurol. Neurochir., Psy. 131, 133–146 (1982).

Scobel, W. A.: Suizid – Freiheit oder Krankheit? In: Henseler, H., reimer, C. (Hrsg.): Selbstmordgefährdung. Zur Psychody-
214

namik und Psychotherapie 82–112. Friedr. Frommann, Stuttgart, Bad Cannstatt 1981.

SHAFFER, J. W., SEYMOUR, P., SCHMIDT, Ch. W., STEPHENS,
J. H.: The prediction of suicide in schizophrenia. J. nerv. ment.
Dis. 259, 349–355 (1974).

SONNECK, G.: Betreuungsmodelle für Suizidgefährdete. In:
C. REIMER (Hrsg.): Suizid. Ergebnisse und Therapie.
S. 103–116. Springer-Verlag, Berlin, Heidelberg, New York
1982.

SPERLING, E.: Das therapeutische Gespräch mit Suicidalen. Nervenarzt 43, 409–411 (1972).

STENGEL, E.: Selbstmord und Selbstmordversuch. Fischer, Frankfurt 1969.

STEVENS, B.: Role of fluphenazine decanoate in lessening the burden
of chronic schizophrenics on the community. Social Psychological Medicine, 3, 141–158 (1973).

STOLZE, H.: Sicherheit und Angst des Arztes in der Begegnung mit
dem suizidalen Patienten. Münch. med. Wschr. 117, 183–188
(1975).

SUTHERLAND, St.: Die seelische Krise. Fischer, Frankfurt 1980.

SZASZ, Th. S.: Critique of Professional Ethics. In: HANDKOFF,
L. D., EINSIDLER, B. (Ed.): Suicide. Theory and Clinical Aspects.
Littleton, PSG Publishing Company, Massachusetts 1979.

TABACHNICK, N.: Countertransference crisis in suicidal attempts.
Arch. Gen. Psychiatr. 4, 572–578 (1961).

TEMOCHE, A., PUGH, T. F., MACMAHON, B.: Suicide rates among
current and former mental institution patients. J. nerv. ment. Dis.
138, 124–130 (1964).

VON DER HAAR, H.: Akute und latente Suizidalität – Einschätzbar-
keit bei stationären psychiatrischen Patienten. Dissertation Medizinische Hochschule Hannover (1990).

WÄCHTLER, C.: Die Suizidalität älterer Menschen. Psychiat. Prax.
11, 14–19 (1984).

WALL, J. I I.: The psychiatric problem of suicide. Amer. J. Psychiat.
101, 404–406 (S. 11)(1944).

WARNES, H.: Suicide in Schizophrenics. Dis. nerv. Syst. 29, 35–40
(1968).

215

Wedler, H.: Umgang mit Suizidpatienten im Allgemeinkrankenhaus. Roderer, Regensburg 1985.

Wedler, H.: Essentials und offene Fragen der Erstversorgung und
Nachbetreuung von Suizidpatienten im Allgemeinkrankenhaus.
1985. (s. Wedler 1987)

Wedler, H.: Der suizidgefährdete Patient. In: Faust, V. (Hrsg.):
Psychiatrie für den Praxisalltag. Hippokrates, Stuttgart (1987).

Welz, R.: Gesellschaftliche Einflußgrößen auf die Selbstmordhandlung. In: Pohlmeier, H. (Hrsg.): Selbstmordverhütung,
Anmaßung oder Verpflichtung. Keil, Bonn 1978.

Wilson, G. C.: Suicide in psychiatric patients who have received
hospital treatment. Amer. J. Psychiat. 125, 752–757 (1968).

Wing, J. K., Bennett, D., Denham, J.: The Industrial Rehabilitation of Longstay Schizophrenic Patients. HMSO, London 1964.

Wolfersdorf, M.: Erfahrungen in der Behandlung suizidaler Patienten auf einer offenen Station für depressive Kranke. Suicidprophylaxe 6, 3, 191–206 (1979).

Wolfersdorf, M. u. a.: Suizide in psychiatrischen Landeskrankenhäusern. Einige Ergebnisse einer Untersuchung der Suizide in
vier badenwürttembergischen psychiatrischen Landeskrankenhäusern 1970–1981. In: Wolfersdorf, M. (Hrsg.): Suizide
psychiatrischer Patienten. Tagebuchprotokolle der Arbeitsge-
meinschaft »Suizidalität u. psychiatrisches Krankenhaus«.
147–224. Weissenhof-Verlag, Weinsberg 1984.

Wolfersdorf, M., Metzger, R., Hole, G.: Aspekte der
Psychotherapie bei Suizidgefährdeten. Nervenheilkunde 3,
183–90 (1984).

Wolfersdorf, M., Vogel, R. (Hrsg.): Suizidalität bei stationären
psychiatrischen Patienten. Weissenhof-Verlag, Weinsberg 1987.

Woolley, L. F., Eichert, A. H.: Notes on the problems of suicide and escape. Amer. J. Psychiat. 39, 110–118 (1941).

Yamamoto, J., Roath, M., Litman, R.: Suicides in the »New«
Community Hospital. Arch. gen. Psychiat. 28, 101–102 (1973).

Personen- und Sachwortverzeichnis

219

223

Wer noch mehr erfahren möchte:

Asmus Finzen

Der Patientensuizid

Untersuchungen, Analysen,
Berichte zur Selbsttötung psychisch
Kranker während der Behandlung

Dieses Buch gibt den notwendigen Überblick über den
Stand der Forschung.

»Es zeichnet sich dadurch aus, daß es klinisch und therapeutisch orientiert ist, so daß der in der Psychiatrie Tätige (gewiß nicht nur der Arzt) praktischen Nutzen aus der Lektüre
ziehen kann. Kurz: genau dieses Buch zu dem bedrängen-
den Thema Patientensuizid fehlte bisher.«
(Professor Dr. R. Tölle)

ISBN 3-88414-092-2   2. Aufl. 1990, 248 Seiten 29,80 DM

Psychiatrie-Verlag, Celsiusstr. 112,
Postfach 2145, 5300 Bonn

Die Treffbücher aus dem Psychiatrie-Verlag

Dirk Blasius
Umgang mit Unheilbarem
Treffbuch 11, 164 Seiten, 8,00 DM
Studien zur Sozialgeschichte der Psychiatrie.

Asmus Finzen
Tags in die Klinik – abends nach Hause
Treffbuch 12, 160 Seiten, 16,80 DM
Das Buch über die Tagesklinik!

Ulrich Kobbé
Ganz am Rande der Psychiatrie
Treffbuch 13, 96 Seiten, 12,80 DM
Geschichten und Gedichte von Patienten

Renate Schernus
Wer hat Angst vorm bösen Wolf?
Treffbuch 14, 128 Seiten, 14,80 DM
Ein einfühlsamer Bericht einer »Karriere« in der Psychiatrie.

Elisabeth Claasen
Ich, die Steri
Treffbuch 15, 64 Seiten, 8,80 DM
Autobiographischer Bericht einer Zwangssterilisierung.

Gerda Jun
Kinder die anders sind
Das Buch berichtet in elf Interviews über Realitäten des
Lebens mit behinderten Kindern.

Asmus Finzen
Suzidprophylaxe bei psychischen Störungen
Treffbuch 17, 228 Seiten, 16,80 DM